Win-Winの社会をめざして

——社会貢献の多面的考察——

前林 清和 著

晃 洋 書 房

プロローグ

　近年、社会貢献という言葉が、盛んに使われるようになってきた。たとえば、新聞やテレビのニュースで市民や学生の社会貢献活動を紹介しているのをよく目にする。また、企業のホームページを見るとトップページに社会貢献というバナーがあり、クリックしてみると様々なボランティア活動の報告が載っている。さらに、文部科学省が大学の使命として教育、研究の他に社会貢献を加えるようになった。

　このような傾向は、現代の社会を反映しているように思われる。つまり、日本の社会がようやく自分のためだけでなく、他のためにも何かをしようという機運が高まってきたということである。戦後、世界に追い付け追い越せということで、競争に生き残ることだけを目もくれずに頑張り、一九六〇年代に日本のＧＤＰはイギリス、旧西ドイツを抜き、アメリカに次いで世界第二位のポジションを占めて久しい。しかし、世界第二位の経済大国という言葉は、なぜか空しく聞こえる。それは私たちの社会が日常生活に追われ、そのなかに埋没しているからだ。自分のことばかり考えているからだ。人間の欲望は限りがない。自分だけの豊かさ、幸せを追求していては、永久にその欲望は尽きない。いつまでたっても充実感や満足感は得られない。不満や要求ばかりになる。だから、世の中に不満が満ち溢れているのである。

　少しまわりを見渡せば、全く違う世界が見えてくるはずである。つまり、日本国内には、失業や介護、教育問題など多くの課題があり、世界に目を向ければ地域紛争、貧困、地球環境などの問題が山積し、深刻な問題が日々起きている。このことに対して、人間として、日本人として、市民として、企業としてどう向き合えばよいのか、ということが問われているのである。国も地球も無限ではない。私たちは、限られた中で生きている。人間は一人で生きているわけではない。誰かが豊かさを、物を、金を独り占めすれば、誰かが生きていけなくなる。豊かだから幸せだとは限らないし、貧しいから不幸せだとも言えない。しかし、貧しすぎると不幸がつきまとう。この天秤のバランスをどうするかを真剣に考えることが、人権に目覚めた人間の生き方である。

社会貢献とは、Win－Win の社会、持続可能な社会を実現するための人間の知恵である。

Win－Win という言葉は、アメリカのコンサルタントであるスティーブン・R・コヴィーの『7つの習慣』（キングベアー出版、一九九六年）という本に出てくる言葉だ。Win－Win とは、「自分も勝ち、相手も勝つ（それぞれの当事者が欲しい結果を得ること）」という考え方である。Win－Win の他には、Win－Lose や Lose－Win、Lose－Lose などがある。

コヴィーは、この本の中で「Win－Win は、すべての関係において常に相互の利益を求める心と精神のことであり、お互いに満足できる合意や解決策を打ち出すことである」、「Win－Win は、人生を競争ではなく、協力する舞台とみるパラダイムである」と述べている。

本書は、Win－Win の社会を実現するためには、社会貢献活動が不可欠であるという考えのもと、社会貢献の多面的考察を試みたものである。それでは、なぜ多面的なのか。

人間が生きていく中で、これが唯一の答えというものはほとんどない。社会貢献についても、もちろんである。立場が違えば、視点が違えば、答えは違うのである。一応の答えを出すにしても、様々な立場や視点から、つまり多面的に考察することが大切である。その上で自分の立場を確立する。しかも、それは一度確立したらそれで良いというものではない。常に見直しつつ、信念を持って取り組む。特に、社会貢献活動を志す人は、「こういうものだ」と決めつけるのではなく、「これでよいのだろうか」と悩み続け方向修正しながら、信念と使命感をもって、活動を行うことが求められる。なぜならば、「これが完璧である」、ということはないが、「完璧でないから何もしない」へ、では社会は良くならない。常にベストに限りなく近づくためには、「これで本当によいのだろうか」と自問自答しながら、行動していくほかないのである。

したがって、本書は、多面的に社会貢献をみていく。まず、社会貢献を哲学的に考察する「人間論」からはじまり、「ボランティア論」「心理論」「ライフデザイン論」「市民論」「教育論」「企業論」「日本人論」「国際論」「地球環境論」という一〇の視点から考察していく。

読者の皆様が、本書に少しでも啓発されて、社会貢献活動を実践されることを期待してやまない。

なお、本書の出版は、神戸学院大学学際教育研究学会の出版助成により実現した。深くお礼申し上げる。

最後に、本書の出版に際し、晃洋書房社長・上田芳樹氏のご厚意に対し心からお礼を申し上げるとともに、編集でお世話になった編集部の皆様に感謝致す次第である。

二〇〇九年二月

前林清和

目　次

第1章　人間論

はじめに

「社会貢献をする」、「ボランティアをする」、「国際協力をする」、どれをとってみてもこのような活動は、人間しか行わない。つまり、他人や社会、環境のために何かをするというのは人間だけなのだ。ウシは社会貢献をすることはないし、ネコがボランティアをすることもない。ただし、ウシやネコは、人間のようにむやみに他に危害を加えることもしないし、環境を破壊することもしないのであるが。

本章では、なぜ人間は他のために尽くそうとするのか、社会貢献をするのか、ということについて哲学的に考えてみたいと思う。

1　社会的動物として

人間は、他人がいないと自分が存在しているとか、自分に身体があることすらなかなかわからない。どういうことかと言えば、人間はオギャーと産まれてきた時にある程度目は見えている、はっきりとは見えないけれども、しばらくすると私たち大人と同じように見えるようになる。しかし、首が据わらないと手や腕以外の自分の身体は見ることができない。また、首が据わっても、直接、自分の顔を見ることができない。それは大人になっても同じことで、自分の顔を直接見ることはできない。頭の後ろも見ることはできない。人間には、身体の中で直接自分の眼では絶対見ることができないところがたくさんある。

それでは、赤ちゃんはどうして自分に身体があることを知るのであろうか。ここに他人が必要なのである。赤ちゃんは、よく目の前で手を動かしていることがあるが、これは私たちが動かそうと思って動かしているのとは違って反射的に動かしているのである。また、母親の手が赤ちゃんの顔に触ると、赤ちゃんは触られた時に何かを感じ、叩かれれば痛いと感じる。そして何かここにあるということが感覚としてわかってくる。さらに、自分で反射的に動かしていた手が顔に当たった時に、母親の手が触れた時とは違うと感じるのである。つまり、実感としてこの手は自分とつながっているのではと感じる。なぜならば、母親が顔を叩けば顔が痛い、自分で自分の顔を叩くと手も顔も痛い、この手は、母親の手や目の前に飛んでいる蚊などの動いているものとは何か違う、自分とつながりのあるものではないかと感じるのだ。

また、母親を見ると、自分の手で触って感じ取っている自分の何らかの物体（顔）と同じようなものが、サイズが違うけれどある。母親の手の延長上に大きな顔がある。だから、赤ちゃんは、母親の顔を触って、自分の顔を触って、それを繰り返すうちに、自分にも母親と同じようなものがあるのではないかなということで、次第に自分の顔のイメージが出来上がってくる。そのイメージが形成されないと、鏡を見ても自分の顔とはわからないのだ。「自分の顔は直接見たことがないのに、どうして知っているの」とたずねると、多くの人が鏡をみて知っているというが、自分に顔があると知らなかったら、鏡を見ても、そこに映っているのが自分の顔だとはわからない。他人の写真を見ているのと同じである。

イソップ物語で「よくばりの犬」という話がある。肉をくわえた犬が橋の上から川面をのぞき込むと、大きな肉をくわえた犬がこちらを見ている。その肉を取ろうとして「わん」とほえたとたんに肉を川に落としてしまったという話である。この話が説いているのは、人間欲張ってはいけないということである。しかし、違った観点からみると、これは今話してきたこととつながる。犬は自分の顔があることを知らないので水面に移っている自分の顔は他の犬だと思ったのだ。犬は鏡を見てもそれが自分だとはわからないのである。人間の子どもは自分にも母親や父親のような顔がついているのだなという認識があって、そのあと鏡を見てこれが私の顔なのだと知る。

つまり、人間は他人がいなければ、自分に顔があること、身体があることすらなかなか把握できないのである。ということは、人間は、人間という存在になる時点から他人が必要なのだ。さらにその後、人間は、自我を確立していく過程において、他者との関係が必要となる。

図1－1　よくばりの犬

それに関連して古代ギリシャの大哲学者アリストテレスは、人間は社会的動物であると言っている。人間は一人では生きていけない、一人では自分というものがわからないのである。動物でも高等動物は多くの場合、群れを成している。人間も大体群れを成している。人間の群れが、発展して「社会」となったのである。

このように人間は、社会のなかで人間関係のなかで生きている、あるいは生かされているのである。したがって、関係性を前提として生きるということは、お互いが支え合う、助け合うということになる。これがなぜ人間は社会貢献をするのかという哲学的意味の一つである。社会に貢献するという以前に私たちは、他人から、社会から貢献されているのである。つまり、社会貢献をするというのではなく、社会貢献をし合うという関係がすでに成り立っており、その恩恵だけを受け取る人間がいることが、社会を乱すことになる。したがって、社会貢献は社会に生きる私たちにとって基本的な活動ということである。

2　唯我独尊と人間関係

一方、人間には社会的動物という側面のほかに、もう一つの側面を持っている。それは、「天上天下唯我独尊」としての私である。

釈迦は、生まれた時に右手で天を指し、左手で地を指して「天上天下唯我独尊」（私は、宇宙のなかで唯一の存在で尊いものである）と言ったそうである。つまり、他の動物のように、人間は群れを成しているだけではなくて、人格を持った唯一の存在でもあるのだ。つまり、動物には自我はないと言われるが、人間だけが自我を持っているのである。しかし、この自我、つまり「私」という概念そのものが、他者との関係で形成されているのだ。このことを見事に著した絵本がある。『一〇〇万回生きたねこ』という本である。これは、猫の生涯の物語であるが、人間が成長し自我を確立していく過程と通じる話である。話の概要は、次の通りである。

一〇〇万年も死なない猫がいた。その猫は、一〇〇万回死んで、一〇〇万回生まれた。飼っていた一〇〇万人の人は猫が死んだとき泣いたが、猫は一回も泣かなかった。

ある時、猫は王様の猫だったが、戦争の時、矢に当たり死んだ。

ある時、猫は船乗りの猫だった。船から落ちて死んだ。

ある時、猫はサーカスの手品使いの猫だったが、手品が失敗して猫は死んだ。

ある時、猫は泥棒の猫だった。犬にかみ殺された。

ある時、猫はおばあさんの猫だったが、年をとって死んだ。

ある時、猫は女の子の猫だったが、ひもが首にまきついて死んでしまった。

ある時、猫は誰の猫でもなかった。はじめて自分の猫になった。自分が大好きだった。

どんなメス猫も猫のお嫁さんになりたがったが、猫は自分が一番好きだった。

一匹だけ白い猫が見向きもせずにいた。猫が自慢しても「そう」としか言わなかった。そして、猫は白猫を好きになった。

やがて子どもが沢山生まれた。猫は自慢することをしなくなり、白い猫と子猫を自分より好きになった。

　子猫たちは成長し、猫と白い猫は歳をとったが、二人でいつまでも生きていたいと思った。

ある日、白い猫が死んでしまい、猫は一〇〇万回泣き続け、自分も死んでしまった。

　猫は、決して生き返らなかった。

図1－2　『100万回生きたねこ』表紙
（出所）　佐野洋子作・絵，講談社，2003年.

　この物語で重要なことは、猫が本当の意味で死んだのは、最後の場面での死ということである。一〇〇万回も生きて死んだとはどういうことかというと、この猫は先祖代々続いていて一〇〇万世代目の猫ということである。世代が一〇〇万回かわったということである。いわば、この猫の血筋が代々続いてきたということなのである。しかし、自我がないから個体の死は、さして意味がない。二分の一の同じＤＮＡを受け継いだ猫が代替わりしているということは、生まれ変わりが続いているということである。それぞれの猫の代に色々な人間に飼われるが自我がないからうれしくも悲しくもない、ただ、生命体として再生していくだけである。このような死は死であって死でない。もっと言えば、アメーバのような生き物は、自然死としての個体死がない。なぜならば、細胞分裂によって全く同じＤＮＡを再生していくからである。これを繰り返す限り死は訪れない。古い細胞が朽ち果てていってもそれは死ではない。人間にしても同じ細胞が何十年と生き続けている訳ではない。今の私の全身の細胞は約九〇日で新しく生まれ変わるのである。古い細胞はどんどん入れ替わっていっているのだ。このように考えると、アメーバに死がないように、不完全ではあるが、つまり雌雄の生殖によって再生されるから半分のＤＮＡしか受け継がれないという意味で不完全なのであるが、自我がない動物には私たちが考えるような死がないことになる。つまり、肉体としての死はあるが、「私」としての死はないのである。なぜならば動物には「私」がもともとないからである。

物語に戻るが、この猫の家系の一〇〇万代目の猫があるとき一人で生きることになる。この猫は、自分が大好きになるが、その時、自我が芽生えたと言えよう。そして、さらに、白い猫に出会い、恋に落ちる。猫は、他を愛することを知り、自分のなかのアニマと出会うことで優しさを持ち合わせるようになる。

ここで、アニマを知るとはどういうことかと言えば、実は白い猫には二つの意味がある。外界の存在として白猫を捉えたら恋人ということになるが、心の内側の問題として考えたらアニマを意味する。アニマというのはユング心理学の言葉である。ユングによると、男性には心のなかにアニマという女性性があり、女性には心の中にアニムスという男性性があるという。男性は一般的には男性性が表に出ており、しっかりしていて、頼りがいがあって、攻撃的ではあるが、内側には、やさしかったり、めそめそしたり、甘えたがりであったり、寂しがりであったりという心がある。逆に女性は表では優しかったり、しとやかであったり、なき虫であったりするが、内側には芯が強かったり、攻撃的であったりする男性性がある。つまり、男性には内側に女、女性には内側に男があるのだ。この両方が、そろったときに一人の人間、人格になれる。男性は自分の男性性だけしか見えないと偏った人間になり、自分の女性性も知ることで全人格ができるのである。女性も同様である。男性も女性も自分の表の部分だけで生きている人は半人前ということができる。白い猫との出会いは、この猫の内側にある女性性を見つけたという見方もできる。だからこの猫は、人格的に丸くなって大きくなって優しくなったのだ。

そして、子どもが生まれ、自分自身より大切な存在を知り、妻の死を経て最後に死を迎える。この猫は、二度と生まれ変わらなかったのである。つまり、この猫は、自我が確立したのであるから、世界で唯一の個となった。したがって、その個が死んだ時にこの自我をもった個は永遠に生まれ変わることはない。「私」はこの世に唯一しか存在しない、したがってその死をもって、永遠にこの世からなくなるのである。

これが、まさに自我をもった唯我独尊としての人間の死である。このように考えると死が前提としてあるからこそ人間は自我が形成されるとも言えるのではないだろうか。人間は、死への恐怖とともに生のあり方を追求することになる。

このような難しいことは、絵本を読んでいる子どもにはわからないが、奥の深い話は理屈がわからなくても人を感動させるものなのである。したがって、この絵本はベストセラー、ロングセラーをいまだにつづけているのだ。

それはさておき、人間は、自分が大好き、自分が大切というのは当たり前だが、それを前提としてさらに成長していくと、自分より好きなもの、自分より大切なものができてくる。これが人間である。これがさらにひろがっていくと、私のため、身内のため、知らない人のため、困っている人のために、自分のできることをやっていこうという発想、感覚になっていく。これがまさに社会貢献の根本である。

人間は一人では生きていけない。自分のことだけを考えているようではまだ人格的に深い人間とは言えないのである。他者、他人に対して心がむいていくということは、発展していく、発達していく、進歩していく、宗教的にいう「悟り」に近づいていくということである。

かけがえのない「私」であるから、私たち人間は自分が大好きで、自分自身が何よりも大切である。そして、いくつもの希望がある。たとえば、長く生きたい、人より金持ちになりたい、良い仕事に就きたい、おいしい物が食べたい、大きな家が欲しい、高級車に乗りたい、旅行に行きたい、恋人が欲しい、等々。私たちは、数多くの欲望をもっており、それを少しでも叶えたいと思っている。また、そのための努力も、それなりにしている。そして何よりも幸せになりたいと願っている。そのこと自体は、素晴らしいことである。

同時に、もう一方でかけがえのない「他人」がいる。したがって、他人の幸せも願っている。たとえば、自分の家族の幸せ、親友の幸せ、恋人の幸せ、そして、漠然としているかもしれないが国家、世界の幸福をも願っているのである。実は、人間は自分の幸せだけでは真の意味での幸せは得られない。他者の幸せをも含めて、はじめて幸せは完全なものとなるのである。そのためには、自分が他者に対して幸せを与えることが必要である。つまり、自分の幸せのためと他者の幸せのために生きることで、真の意味での幸せを得ることができるということなのである。

その証拠に私たちは、幸せそうに手をつないで歩いている親子を見て幸福感を得るし、逆にテレビのドキュメントを見て、戦争で親を亡くした子どもが泣き叫ぶ姿を見て涙が出てくる。人間は、他者のことを自分の心の中に引き受けて自分のことのように感じる動物なのである。

ところで人間は、自分より大切なものができてくると優しさができてくる。そしてそのなかで使命感が生まれる。他人のために何かをしようという使命感が自然とできてくる。しかし、他人のために自分を犠牲にするという行為は短絡過ぎる。人間は常に両義性が必要である。男性はアニマ（女性性）があって真の男であり、女はアニムス

(男性性)があって本当の意味での女性である。人間は常にプラスとマイナス、表と裏というように二面性がある。したがって、かけがえのない「私」とかけがえのない「他人」という二つの感覚を持ったときに人間は一人前になれるということである。

3　人の命を助けるということ

社会貢献には、募金活動をしたり、高齢者の介護支援活動をしたり、開発途上国の貧しい子どもたちのために教育支援を続けたりというように、様々なものがある。そのなかで、人の命を助ける、死にそうになっている人を助けるということは究極的な社会貢献である。時として、自分の命もかかってくるわけであるから、相当の覚悟が必要である。仕事だといいながら、消防士やレスキューの隊員は自分の命をかけて人の命を助けるわけである。仕事でなくても、夏になったらテレビでよく川でおぼれている子どもを助けたというニュースが流される。自分の子どもなら助けるのが当たり前だが、知らない他人の子どもでも人間は助ける。それはなぜなのか。

その前に、人間は、他人の命を助けようとするが、その前提として、人間には他の動物と比べて圧倒的な力を持っている。人間は多くの人を殺せる。どんな凶暴なライオンでも人間一〇〇人は殺せない、たかだか一人か二人である。それに対して、人間はボタン一つで何十人、核爆弾だと何百万人を殺すことができる。逆に一人の人間でたくさんの人を助けることもできる。ライオンはたくさんの仲間を助けることはできない、できても一頭か二頭ぐらいである。

つまり、人間は多くの人を殺すこともできるし、助けることもできる。動物とは比べものにならないぐらいの能力を持っているのである。

それでは、人間はどうして人の命を助けるのか。人間はどうして人の命を奪うのか。仲間の命を奪ったり、殺しあったりするのは人間ぐらいである。今まさに世界中で戦争や紛争が行われている。また、新聞で毎日のようにテロの報道がなされている。世界各地でテロが起こり、一瞬にして何十人単位で多くの命がなくなっているのだ。人間は人を殺し、また助けもする。そのことについて哲学的に考えてみたい。

（1）死

まず、死について考えよう。

動物は死ということを知らない。人間だけが死ということを知っている。どうして死を知っているのか。それは人間には記憶があるからだ。死が訪れるのは一分後かも、一年後かも、五〇年後かもしれないが、とりあえず、今のことではなく未来のことである。つまり、死というのは、未来予測である。「私はいつか死ぬ」と、全ての人が自分の死を予測しているのである。そして、自分が死ぬという予測は一〇〇パーセント当たる。

人間は今、現在生きている。しかし、今まで生きてきた過去がある。そして未来がある。未来は、過去があってこその未来である。なぜならば、人間が未来を予測するためには過去が必要なのである。どういうことかというと、たとえば、昔の人々は、日本に暮らしていて、気温がだんだん温かくなって、暑くなって、涼しくなって、寒くなっていくという変化を何度も繰り返し経験しているうちに、そのなかに法則を見いだしたのだ。つまり、今春だったら、次は夏、その次に秋が来て、冬になり、再び春が訪れるということが予測できるようになったのである。

犬の記憶は数秒間だとか、一週間だとか言われるが、はっきりしたことはわからない。また、南極観測隊の犬で、一年間南極に放置された太郎、次郎のように一年前の飼い主を覚えていることもある。しかし、犬の記憶は、時系列的、系統だった記憶はなく、断片的な記憶だと言われている。したがって、犬は、今だけを生きている。過去の記憶がほとんどないため、未来はないのである。

それに対して人間は、過去の記憶があるからこそ未来を知り、記憶から類推して未来の予測を立てるのである。だから人間は、他の動物とは違い、著しい発展を遂げてきたのである。

たとえば、犬は絶対に受験勉強をすることはない。いくら凶暴な強い犬でもウェイトトレーニングをして強くなろうとはしない。なぜならば、目標とは未来に作るものである。明日の目標、来年の目標、四年後の目標など、目標は全て未来に設定するものである。現在でしか生きていない動物は、目標がないからウェイトトレーニングもしないし、勉強もしない。

私たち人間は、生きてきたなかで、多くの経験をし、その記憶がある。また、自分が経験したことではないことも知っている。たとえば、人類の過去の経験はテキストを読んで知っている。古代縄文時代のことも一億年前のことも書き示された書物を読んで学び、記憶があるから頭に残り、それをもとに未来予測をしていくことができる。これが人間の特別な能力なのである。

人間は、この記憶により、過去を持ち、未来を予測するという能力を持った。そして、死ぬということを知ったのである。たぶん、大昔の原人は、まわりの人がみんな死んでいく中で、人間は、皆死ぬのだということが経験的にわかってきたのであろう。動物は記憶がどんどんなくなっていくから、一カ月前に死んだ仲間がいても、記憶に残っておらず、いつかは自分が死ぬというような未来予測はできない。人間は過去の記憶があるから、人間は全て死ぬということを発見したのである。したがって、人間だけが、死ぬということを知っているのだ。このことにより、人間は死ということと向き合うことになった。つまり、自分も含めて人間は必ず死ぬという恐怖である。

（2）殺人と救命

そして、死を知ってしまったからこそ、人間は大きな罪を背負うことになった。全ての生き物は死ぬということを知ってしまったから、殺すということを知ったのである。動物は意図的に相手を殺すということはしない。本能的に自分を守るために相手の息の根を止めるか、食べるために相手を制圧し、その結果として相手が死ぬだけである。それに対して人間は、意図的に相手を殺す。死ぬということを知らなければ殺すということはない。人間だけが殺人をする。

一方、人間は、動物や人間を助けることもする。その理由も、死を知っているからである。逆説的に言えば、人間が不死身であったら、その命を助けることはない。死んでしまうから助けるのである。

命は、かけがえのない一番大切なものだという。したがって、他人を助ける。しかし、時として、人間は、人を助けるために自分の命をかけることさえある。ここに、かけがえのない命をかけがえのない命を持って救うというアンビバレントな関係がある。

その理由は、逆説的に考えれば、人間は、いつかは必ず死ぬということだからだ。「私は明日死ぬかも知れないし、死なないかも知れないが、いつかは死ぬ」ということである。したがって、死は絶対的だが、いつ死ぬかは相対的なこととなる。なぜならば、いつ死ぬかを自分で決めることができるからである。つまり、人間は、かけがえのない絶対的な命を相対的な命として捉えるのである。悲しいことだが自殺もそれにあたる。人間は死ぬということを知ったために、死をコントロールするようになったのだ。

人間は命を奪うこともあるし、長らえるために治療もするし、そういう中で命よりも大切なものという哲学、思想がでてきた。たとえば戦争で戦う人は自分の家族を守るため、愛する人を守るために死ぬのである。自分の命より大切なものを見ているわけである。これも動物とは違う。

また、先に述べたように人間は一人では生きていけない。一人で存在している動物ではない。私が成立していること自体が他人との関係でできている。だから他人に危険がおよんだら助けようと思うのだ。

一般的に殺人は本能だと思っている人がいるが、本能ではないということである。ライオンが食べるためにシマウマに嚙み付いて結果として死んでしまったのは本能であるが、人間は意図的に人を殺す。動物が他の動物の命を奪っているのは殺人ではなく、さしあたり業務上過失致死といったところだ。殺人は人間の意志に基づいている。それと同じように救命も意志である。したがって、人間は、自分の生き方も選択できるということである。人間は自分の意志で人を殺すことも救うこともできる。ということは、どちらの生き方を選択するかということになる。私たちに突きつけられた課題である。

また、殺人をした人も自分の意志によって行っているのだから、他の人たちが影響力を持ってその人の意志を変えていくことによって殺人がなくなっていく可能性はあると考えられる。したがって、皆で変えていこうということである。

4　競争と分かち合い

殺人や救命のほかに、人間しか行わないことに、競争と分かち合いがある。

意図的に競争しようとするのは、人間だけである。競争し、勝利を得ようと、努力するのが人間なのだ。動物は、相手に勝つために努力しない。しかも、人間は、競争や勝利を何かを得るための手段としてだけではなく、そのこと自体を目的として、つまり競争することや勝利を得ることそのことに価値を持ち、努力する。

それと同時に、人間は分かち合うことを知っている。たとえば一つのパンや一品の料理を家族みんなで分け合って食べる。これは分かち合いである。もし、そこへ友達がきたら「君もどうぞ」と友達にも分ける。

藤田隆正氏は、「人間は、『分かち合い』の中で、お互いを（強者であろうと、弱者であろうと）『かけがえのない』ものと認め合い、自己の欲望を抑制し、他者に配慮し他者を受け入れる『やさしさ』をもち、感情・意識・価値観などを共有し、『ともによりよく生きる』ことを目的とした集団（家族・居住地からはじめ、その他さまざまな集団）を形成してきた」と述べている。つまり、人間だけが、弱肉強食という本能以外に、「分かち合い」という原理を作り上げ、その原理に基づく社会を作ってきたのである。家族や友人、恋人同士など、利害関係のない人間関係のなかでは、「分かち合い」が基本である。得になるから子育てする親はいないし、好きな人のためなら時間も金もおしまない。このような関係では、人間は自然と自分の欲望を抑えて我慢する。お互いが欲望を抑えて分かち合うのである。この時の我慢は、決してつらいものではない。むしろ、幸せなことなのである。これこそ、人間らしさの極地である。

群れをなす動物は、えさを分配するが、分かち合うことはない。えさを分けているだけである。したがって、オオカミは分け前をもらったら急いで取られないように食べている。このように分かち合うという感覚は人間にしかないのである。この分かち合いの精神がどこから出てきたかというと、人間は昔は狩猟しかしていなかった。そしてお腹がすくと弓矢で獲物をとって家族みんなで分かち合って食べる。こういう生活をしているとき上下関係はなかったのである。獲物をとってきて、その場で皆ですべて食べてしまうため、金持ちなどはできないのである。みんな同じなのである。

この分かち合いの次に出てきたのが正義である。この正義がくせもので、良い面はあるが、これが人間を競争にかりたて、殺し合いを助長していったのである。どういうことかというと、農業や牧畜が発達してくると、今までは自然にいる動物を狩猟で捕らえて食べていたが、次第には自然にいるものをあつめて育てるようになっていったのである。たとえば羊が一〇〇頭いる、一頭みんなで食べた、それまでの一頭捕まえて一頭食べるというのであればそれで終わりだが、残りの九九頭は誰のものかということになってきた。そして、力の強いものが順に自分の物だといって取っていくようになる。つまり、皆で食べても余りが出るようになると、その余りは誰のものだという所有の欲望が出てくるようになる。そのようななかで、競争原理が働き、頭の良いものや強いものが多くを所有するようになり格差ができてきたのである。農作でも、今まで木の実や草を採って食べていたのが、自分たちで作るようになると自分たちが食べるよりも多くの作物が作れるようになり、余ったものを蔵に貯めるようになる。そうなると、それは誰のものかということになる。「私が一番よく働いたから私のもの」などというようになって、上下関係ができてくる。そして、奪い合いがおこるため、次第に約束事、決まり事が生まれ、法が整備されるようになる。そうなると法の下の正義ができてきたのである。どういうことかというと、村で私のもの、ぼくのものといって殺し合いをしては困るので、ルールを決めようということになる。たとえば、これだけ力のある人には全体の二〇パーセント、これだけの人には五パーセントといった具合にけんかをしなくてもやっていけるルールを決めるようになる。そして、正義が生まれたのである。ルールを守らないものは悪、ルールを守るように指導したり、ルールを回復したりすることに尽力することが正義ということになる。

何が正義か。何が正しいのか。実は、そこが問題である。たとえば、アメリカが思う正義でイラクの民主主義のためにといって介入したがいまだに解決せずに戦っている。

正義は普遍的ではない。それぞれの国、それぞれの場所で正義は違うのである。それは、ルールが違うからだ。日本では、首相の悪口を言ったり、批評をしたりしても誰も悪いことを言っていると思わないし、そのことで逮捕されることもない。しかし、たとえば、北朝鮮で金日成の悪口を言ったら、すぐ逮捕される。場所、国が違ったら、同じことをしても悪にも善にもなるのである。同じ国のなかでも時代が違えば、正義も違ってくる。もし、江戸時代に、農民の子どもに生まれたにも関わらず、武士になりたいと言ったら、これは悪ということになる。逆に、武士の子どもに生まれて農民になりたいと言ったら、これも悪である。現代では、実現するかどうかは別として、誰でも「総理大臣になりたい」「大学者になりたい」と言っても自由だし、むしろ「夢を持つことは良いことだ」ということで褒められる。同じ国でも時代が違うと正義や悪は違うのである。今の国際社会は、アメリカが、アメリカの正義で世界を統一しようとするから軋轢があると言える。

それに対して、分かち合いは、競争とは違い、勝ち負けがない、優劣がないため、どこでも一緒である。これからの世界は分かち合いを中心にもう一度考えなければいけないであろう。なぜならば、近代になって、現代になって分かち合いの価値が薄くなってきた。つまり、競争原理に基づく正義が強い状態である。競争と分かち合いのバランスを考え直さないと世界は殺伐とした状況が続くと考えられる。

分かち合いを中心とした生き方や活動が、社会貢献やボランティアの分野である。ボランティアそのものを正義を中心に考えている人がいるが、分かち合いが基本でなければならない。これこそが、世界が共存する唯一の方法である。

なぜならば、今や世界の人口が増えすぎたのである。どういうことかと言えば、地球上に存在する人間の数に余裕がある時代は、競争原理でもそれなりにやっていけた。負けた者も食べるものがあったし、新天地を探して新たな生活を始めることもできた。しかし、地球上にこれ以上人間が住めないという限界に近づいている現在、このまま競争原理で争い続けると、負けた者には死しか待っていない。飽和状態になりつつある現在、世界が持続可能な社会を実現させるためには、「競争」の原理から「分かち合い」の原理へとシフトすることである。

参考文献・資料

（1）平田昭吾『イソップものがたり②』永岡書店、一九八七年。
（2）佐野洋子『一〇〇万回生きたねこ』講談社、二〇〇三年。
（3）山中康裕『絵本と童話のユング心理学』筑摩書房、一九九七年。
（4）前林清和「殺人あるいは救命について――ボランティア哲学構築をめざして Ⅰ――」『ＮＧＯ活動研究』3-2、二〇〇五年。
（5）藤田隆正『新・倫理考――「分かち合い」の発見』晃洋書房、二〇〇七年。

第2章　ボランティア論

はじめに

本章では、ボランティアについて考えていきたい。たとえば、消防の仕事も社会貢献であるし、教員の仕事も社会貢献の一つである。しかし、給料をもらって仕事としてやっているからボランティアとは言えない。ということで、社会貢献とボランティアは少し違う概念である。社会貢献の一つの分野が、ボランティアと考えて差し支えないであろう。

ここでは、ボランティアについての基本的な思想を知り、実践することの大切さを学ぶことにする。

1　ボランティアの語源

「ボランティア」という言葉の語源は、ラテン語の volo（ウォロ＝意志）、さらにこの言葉から派生する Voluntas（ウォランタス＝自由意志）に始まると言われている。この voluntas から、喜びや精神、あるいは志願兵や義勇兵を意味するフランス語の volonte（ボランテ）が、また英語の volunteer（ボランティア）が生まれた。現在、私たちが使っているボランティアは、英語の volunteer であり、本来、志願兵や義勇兵の意味である。ボランティアの基本は、自由意志である。つまり、自分から自発的にやろうと思うことがボランティアなのである。人にやらされているというのはボランティアではない。志願兵や義勇兵というのは、戦争の際、徴兵によらないで自発的に軍に参加する兵隊のことである。「国のため自分の故郷のために命をかけて戦います」と志願しているという意味でボランティアという言葉を使うのである。「戦争で殺し合いをする兵隊のことをどうしてボランティアというのか、まったく違うじゃないか」という想いがあるかもしれないが、自発性という意味から語源が同じなのである。ある説では、ボルケーノ、つまり火山という言葉が、ボランティアの語源とも言われている。火山も自分から爆発する。自分の内から出てきた意志、意欲などと火山の噴火がつながってボランティアという言葉が生まれたという説である。基本的には自分の心の中から身体の中から湧き出てくる「これをしよう」、「これをしなければいけない」という気持ち、意志が大切なのである。

ちなみにわが国では、ボランティアを、以前は奉仕と訳していた。しかし、奉仕とボランティアは同じではないという認識が広がり、ボランティアをうまく日本語に訳す言葉がなく、ボランティアという言葉をそのまま使うようになった。現在では、日本語として通用するようになっていると言ってよい。奉仕は自分の意志でやっているか、やらされているか、義務でやっているのか、それはあまり問わない。人のために何かをする、社会のために何かをするということに焦点が当てられており、ボランティアとは性格を異にする概念である。

ところで、ボランティアという言葉が、現在のような社会活動を表す言葉として広く使われるようになったのは、一八九八年、アメリカ合衆国において Volunteer of America という社会福祉民間団体が組織され、社会福祉に対する民間の活動が始まった頃からであると言われる。

2　ボランティアとは

ボランティアは、一言で言えば、「自発性に基づいた社会事業活動」あるいは、「自発性に基づいて社会事業活動をする人」である。一九九〇年のＩＡＶＥ（ボランティア活動推進国際協議会）総会での世界ボランティア宣言では、ボランティアとは「個人が自発的に決意・選択するものであり、人間の持っている潜在能力や日常生活の質を高め、人間相互の連帯感を高める活動である」と定義している。また、平成三年版の『厚生白書』では、ボランティア活動について、便宜的に「自発的な意思に基づいて他人や社会に貢献する活動」としている。

ボランティア活動の要件はいろいろあるが、それらにほぼ共通するのが自発性（主体性）、社会性（利他性）、無償性、創造性（先駆性）、継続性、責任性などからなる社会参加である。

(1) 自　発　性

自発性、主体性ということであるが、ボランティアは強制されるものでも義務でもない。ボランティアは、自主的に参加することが大前提である。個人としての考え方に基づく行為であり、国家や行政に束縛されない自由意志によるものである。つまり、本質的に、国家や行政の枠や制度を超えた個として自立した自由な行為や立場である。したがって、活動するにあたって参加は自発的であるのはもちろん、活動に際して単に指示待ちではなく、自ら進んで活動する姿勢が望まれる。

たとえば、地域の自治会で、毎朝横断歩道に立つことになっていて、週に一度横断歩道に旗をもって、無償で交通整理をするというのは、ボランティアにはあたらない。これは自治会で決めた住民がすべき役割分担である。もし、地域の人たちが話し合って、有志を募って地域のゴミ拾いをするというようなことであれば、ボランティアということになる。また、友達にすすめられてはじめたとしても、自分でやろうと思った時点でボランティアとなる。無理やりやらされたら、ボランティアではない。テレビを見てとか、友達にすすめられてなど、必ずしも自分が一番初めに思ったわけではないけれども、すすめられて、やりだすのが自分の決意であったらそれはボランティアである。ただ、人の行動が自発的であるかどうかということは他人があまり追及することの意味はなく、本人がどう考えるかが一番重要なことである。

(2) 社　会　性

社会性（利他性）についてであるが、ボランティアは自分の利益のために行うのではない。社会的・利他的なものであり、相手のためになることが前提である。また、自分がいくら良いと思って行うことであっても、独りよがりの活動では意味がない。つまり、ボランティア活動の対象となる多くは、何らかの切迫した状況に追い込まれている。したがって、良かれと思って行った行為が、相手に対して迷惑やマイナスになれば、その行為は普通以上に大きな罪と成り得るのである。その行為が相手の利益に通じるようなことでなければならない。また、ボランティア活動は、社会的な意義や必要性が認められることが大切である。だから相手が何を望んでいるのかをしっかり見極めなければいけないし、話し合ったり、調査したり、自分たちで反省したりということが非常に大切になる。

たとえば、以前、動物保護に熱心なあまり、動物実験に従事する人を傷つけるという事件があった。また、日本の調査捕鯨船に火炎瓶や薬品を投げつけた捕鯨保護団体がいて、船員が怪我をしたことがある。これらは、本末転倒も甚だしい。活動をしている人間は、その行為の社会性について考えなければいけない。

図2－1　能登半島地震被災地でのボランティア

社会的常識からあまりにも逸脱した行為は、認められるものではない。まったく人間を無視した環境問題や動物保護はあり得ないのである。

また、個人で必要と感じたものを個人で完結することも良いが、共感する仲間を集めて、活動を広げていくことも重要である。たとえば、大学のバスケットボール部の活動や軽音楽サークルの活動は、ボランティアとは言わない。しかし、彼らが地域の子どもたちにバスケットボールの指導をして喜んでもらったり、老人ホームでコンサートを開いて聞いている人の心を安らかにしたりする活動をすれば、ボランティアということになる。

さらに、社会性にはもう一つ意味があって、たとえば私が自分の子どもをかわいがって物を買ってやったり、色々なことをしてやったり、自分の母の面倒を見たり、というのは基本的にはボランティアとは言わない。つまり、ある程度広く、自分に直接関係ない、人間関係が直接ない人たちに対してするのがボランティアである。ある程度社会全体、社会一般に対してというのがボランティアの要素である。

（3）無償性

無償性ということだが、これは報酬をもらわないということである。これはお金をもらってはいけない、ということではない。わが国では、ボランティアは手弁当で駆けつけ、交通費も自分で全て負担するということが前提のようになっているが、本来、無償とはそういうことだけを意味するわけではない。食費や交通費などの必要経費は相手に負担してもらうということは、問題はなく、基本的に労力に関して無償という意味である。さらに、最低労働賃金以下であれば謝金をもらっても問題ないとされている。

さらに、給料についても、考え方がいろいろとあって、日本ではボランティアの要素のなかの社会性や自発性よりも無償性ばかりが強すぎるように思われる。そのため、わが国ではボランティア組織が大きくならないと言われている。アメリカやヨーロッパでは、ボランティアの団体、NPO団体などに、数多くの有給スタッフがいて、給料をもらっている。それは、普通の会社でもらう給料とは意味が違う。どういうことかというと、月曜日から金曜日までそのことを継続して必死でやる人がいなければ、組織は大きくなっていかないし、質の良い活動はできない。全てのスタッフが休日だけとか、仕事の合間にということでは、なかなかやりたいことができない。大金持ちがいて、「私は一切働かないで月曜日から金曜日までボランティアの団体のことができる」という人がたくさんいればよいが、そういうことはなかなかない。そこで、ボランティアをやりたいという人たちが、「自分たちが十二分に活動ができるようにサポートしてくれる、マネジメントしてくれる専属のスタッフを置き、自分たちが払う会費のなかから専属スタッフが生活できるだけの給料を払う」という仕組みが必要なのである。日本ではそういう考え方をもつ人が少ないのでボランティア団体が大きくならない、という現実がある。

無償性をどのように考えるか、これからも議論が必要であろう。

(4) 創　造　性

創造性、先駆性ということであるが、ボランティアとは、社会の欠陥を補うだけではなく、時代を先取りして社会を変えたり、新しいことを創りだしたりしていくことも必要だと言われている。もちろん、今まですでに行われていることをやったらボランティアではない、ということではない。それも立派なボランティア活動である。ただ、ボランティアの一側面としてその活動が社会を良い方向へ変えていく原動力となることが求められている。

私たち市民が生きていくに当たって必要なことは、基本的には行政がやってくれるが、時代の変化のなかでそのニーズは変化していく。その変化に行政や自治体が必ずしもタイムリーに対応するわけではない。私たち市民が、まず取り組んでいくことで社会が変わっていく。その後、行政がそれに取り組む、ということがある。よりよい社会は、まず自分たちで変えていく、という態度が、創造性、先駆性である。

(5) 継　続　性

継続性ということであるが、ボランティア活動は、やりだした限りはある程度の区切りまでは続ける必要があるということである。

もちろん、一回限りの活動ではいけない、というわけではなく、一回でも人を救えることはいくらでもあるが、ある程度本格的な活動や組織としての活動を前提とした場合には継続性が問題となる。

「思いつきでやってやっぱりやめた」、「もういいだろう」というように、こちら側の判断や都合だけで勝手にやめる、というのはよくない。もちろんズーっと続けることが良いとは限らない。たとえば、中国で支援していたが、中国が発展し、その分野での援助が要らなくなったら、ボランティアを続ける必要はない。それ以上、続けると相手の自立の妨げになる。ここで大切なのは、自分たちが活動していたり、サポートしたりしているところに必要が

図２－２　大学生による街頭募金活動

なくなるまでは継続してやっていかないといけないということである。したがって、ボランティア活動はある程度の区切りまでは続けるという、継続性が必要になる。

(6) 責任性

ボランティアは、主体的なもので、自分の意志で行うものであるが、同時に、活動を開始した以上、相手に対して責任が生じる。

たとえば、カンボジアに小学校を建てて運営をはじめたが、一年で資金がなくなり中止した、ということになれば、そこに通い出した子どもたちはどうなるのか。はじめから、学校を作らない方がよかったのではないか、ということになる。町のお年寄りの介護を手伝いだしたが、三カ月後にやめたとする。それでは、お年寄りの方も、「やっとなじんできたのに、それならはじめからやってもらわないほうがよかった」と思うであろう。相手に期待だけかけるのならやらないほうがましである。スタートしたら相手との関係のなかでその人たちのことを真摯に考えると、義務が出てくる。ボランティアだからといってやりたいときにやって、やめたいときにやめるというようなそんな簡単なものではないということである。それは民主主義の社会で権利と義務が表裏一体になっているのと同じである。いろいろな権利が与えられている分、義務が生じてくるということと同じである。

以上、ボランティアの定義を考えてきたが、これはあくまで一般論を述べたものであって、各人が自分の問題としてボランティアを考え、一人ひとりが自分なりの定義、自分なりの考えを持つことが重要なのである。

人間は、生活を豊かにするために働き、人生を豊かにするためにボランティアをするのだ。ボランティアとは、人のためにやったり、自分の利益のためではなく社会のためにやったり、ということであるが、それはイコール自分の心が豊かになることなのである。人間いくらお金を貯めても死んでしまったら終わりである。財産は死んだ世界まで持っていけない。生きているうちに自分が生活できる程度に働いて、それ以上は自分の心を豊かにすることが大切である。自分だけ、というように取り込んでいると、いくら取り込んでも満たされることはない。人生を豊かにするのは、自分のためだけではなく、人のためにも何かしてこそ、豊かになるのだ。

3　体験としてのボランティア

(1) ボランティアをするということ

「あなたは、ボランティアをしていますか」。

こう聞くと、多くの人が「したいと思うけどなかなか機会がなくて」、とか「時間がなくて」、「お金がなくて」、「そんな心の余裕がなくって」といった答えが返ってくる。しかし、多くの人は知らず知らずのうちにボランティアをやっている場合がある。ボランティアといってもいろいろなレベルがあり、何も開発途上国に出かけて活動をしたり、何年も継続的に福祉施設で介護活動をするというような本格的なものばかりではない。むしろ、困った人に対してのちょっとしたサポートや気になった公園のゴミを拾ってゴミ箱に捨てるといった行為がボランティアの原点である。

もう一度、自分の日常を振り返ってみよう。自分がボランティアを知らず知らずのうちにやっていることがわかってくる。振り返ることによって逆に、「あの時こうすればよかった」、「もう少し助けてあげればよかった」ということも思いあたるであろう。

このようにボランティアは日常生活の営みの一部なのである。

ところで、ボランティアと聞くと、「ボランティアは、偽善的だから嫌いだ」、「ボランティアをするやつらは、ちょっとかわっている」とかいう人もいる。しかし、そういうことをいう人に限ってほとんどがボランティアをしたことがない人である。ボランティアをしたことがない人ほどボランティアを悪くいう。そして彼らは「自分は人に頼らず生きてきた」と思っている。しかし、人間は一人では生きていけるはずもなく、実は多くの人からの利害関係以外のサポートを受けて暮らしているのである。つまり、多くの人からのボランティアによって支えられているのである。

ボランティアを行うことは、人間にとって基本的な活動と言える。

そして、実は何より大切なことは、ボランティアは自分のために行うということである。相手のため、ということはとりもなおさず、自分のためである。自分が助けたい、という気持ちがそれを実践することで満たされるのであるから、まさに自分のためなのである。「相手のため」即「自分のため」、これこそがボランティア活動の原理である。やりたくないことはできない。おもしろくないことは続かない。ボランティアは、自分がやりたいこと、おもしろいことだからできるのである。

（2）理論知と体験知

ボランティアを理解するためには、ボランティアということを学問的に研究することの意義は大きいが、それ以前にボランティアをすることの方がもっと重要である。なぜならば、理論というものは私の体験を普遍化することからはじまるからである。何も皆が研究者になるわけではないが、少なくとも人にボランティアを語るとき、やったことがない人がどんなにすばらしいことを言っても人から信用されないし人に感動も与えられない。体験に基づいた話をした時に人を納得させたり、感動させたりできるのである。

また、「私」という個人がボランティアということを理解するには、やってみないとわからないということである。思考の限界は、そのことが現実となるかどうかわからないということにある。いくらこういうものかなと考えてみても、それが現実となるのかどうかやってみないとわからない。身体を使ってこそ現実が生まれるのである。身体を使って得られた知が体験知である。

思考の限界のもう一つは、言葉というものの限界に根ざす。たとえば、人の顔をどれほど詳しく説明するより顔を見た方がその人の顔を理解できる。人間の理解力は言語を越えるのである。思考は言語を使って行うため、世の中の事象をすべては説明できない。体験こそがより多くのことを知り理解する方法なのである。体験知の意義はそこにもある。

さらに、ボランティア活動には相手がある。それが人間であったり、動物であったり、自然であったりするが、常に自分一人の問題ではない。自分のこともわからないのに相手との関係で何がどうなるか、わかるはずがない。まずはやってみることで何かが生まれるのである。

体験知の積み重ねが、「私」を成長させていくのである。

4　ボランティア元年

一九九五年が、日本の「ボランティア元年」と言われる。もちろん、この年に、わが国でボランティアが始まったという意味ではない。わが国でもボランティアの歴史は長く、様々なボランティア活動が行われてきた。一九七〇年代には、障害者運動などに伴って、ボランティア活動も広がり始めた。地域にボランティアセンターなどが設立され始めたのもこの頃である。

なぜ一九九五年が「ボランティア元年」なのかというと、実はこの年は阪神・淡路大震災の起こった年なのである。

一九九五年一月一七日、淡路島北部を震源としてマグニチュード七・二の地震が発生し、その揺れは激しく阪神間や淡路島の一部において震度七がはじめて適用されたほどである。その被害は甚大で、戦後日本で最大最悪・未曾有の震災となった。

死者は六四三四人、負傷者は四万三七九二人にのぼり、家屋の被害は全壊及び半壊棟数二四万九一八〇棟に達した。避難人数も三〇万人以上にのぼったのである。被害総額は、一〇兆円規模と言われている。

この大惨事に、わが国の多くの人、特に大学生がボランティアにかけつけたのである。その数は、一年間で延べ一三〇万人と言われる。今までボランティアなど経験したことのない人々が震災で困っている人々のために救助活動や救援活動、復旧活動などを行ったのである。

そして、この経験のなかで、支援する人、支援される人、その事実を知った人が、それぞれの立場で、「ボランティア」という言葉の意味を考え、重要性を知ったのである。また、ボランティア活動を通じて問題点や課題にぶつかり、思い悩みながらも解決していく過程でボランティア活動の日本的あり方を見いだしていった。その後、わが国にボランティアという言葉も活動も急速に広まっていったのである。

多くの人々がボランティアに関わり、そのあり方を真剣に考え、それが契機で、その後もボランティア活動を行う潮流が日本に生まれたということから、「ボランティア元年」と言われるようになったのだ。

さらに、一九九七年には、石油タンカー・ナホトカ号による重油流出事故が起き、海岸に流れ着いた重油を回収する作業に多くのボランティアが参加して、これもまたメディアにさかんに取り上げられた。ボランティアにたずさわった人々は、延べ数で三〇万人近くにもなった。九五年の震災でボランティア活動を行った団体が、その経験をふまえてボランティア事務局を立ち上げ、バラバラに集まるボランティアをコーディネートし運営する様子がみられ、そのマネジメントにも目を見張るものがあった。

これらの出来事から、わが国のボランティアの潮流が生まれ、現在、わが国では多くのボランティア団体が生まれ、ボランティアリーダーやコーディネーターなどの資格も確立し、ボランティア保険なども整備されるようになった。

それまで、わが国では、「ボランティア」をしているというと、偽善者だとか、変わり者というレッテルを貼られるとか、思想的に偏った人物だと見られることがあった。しかし阪神・淡路大震災での人々の活動が、ボランティア活動が特別な行為ではなく人間の当然の行為の一つであるということを明確化したのであり、ボランティアのイメージを一新したのである。

参考文献・資料

（1）　ＮＧＯ活動教育研究センター編『ケースからみるボランティア入門』トゥエンティワン出版部、二〇〇四年。
（2）　厚生省『厚生白書』一九九一年。

第3章　心　理　論

はじめに

人は場面によって色々な顔を持っている。たとえば、家でくつろいでいる時の自分、仕事している時の自分、恋人と居る時の自分など、私たちはいくつもの顔を持っているが、それら全てが自分であるということをある程度納得すること、当面その自分でやっていけると思えることが大切である。また、自分は周りから受け入れられていて、社会にとって何らかの意味があると感じることであり、しかもそれなりの個性も持ち合わせている、そして、そんな自分が好きである。こういう精神状態を一応保てていることをアイデンティティが確立しているという。

しかし、現代において、アイデンティティを確立するのは容易なことではない。なぜならば、戦後の高度経済発展のなかで描かれてきた、一流高校→一流大学→一流企業＝良い人生、という図式は存在しない。つまり、立身出世に基づいたレールに則った人生設計は、もはや成り立たない。現代の社会は、情報化やグローバリズム、不景気、価値観の多様化などによって自分の有り様はどうしたらいいのか、これからどのような人生観で生きていったらいいのか、どのような職業に就いたらいいのか・就けるのか等、全てが不透明な時代になっており、若者たちにとって、アイデンティティの確立は非常に困難になっている。

また、多くの中高年の人たちが、ただでさえも人生の後半をむかえ子どもも手を離れ、仕切り直しという時期に、会社が倒産し、年功序列・終身雇用制が崩れ去ろうとしているなか、アイデンティティの再構築を迫られ、アイデンティティそのものが危うくなっている。自殺という悲惨な道を選ぶ中年男性が増えている原因の一つとも言えるのではないか。

そのなかで、日本人のアイデンティティの確立ということを反省的に考えてみると、戦後五〇年、私たちは、あまりにも「人の迷惑にならなければ」あとは「自分の利益のため」にという損得勘定に基づいたアイデンティティを確立し、社会を築いてきたのではないだろうか。今やそのような私利私欲に基づいた人間の、あるいは社会の限界がきており、日本全体が病んでいる。

幼い頃、素直にあこがれたギリシャ神話の英雄や鉄腕アトム、ジャングル大帝、あるいはシュバイッツアー博士やナイチンゲールはどこにいってしまったのであろうか。いつの間にか人助けや正義、勇気という言葉が語られなくなってしまったような気がする。

また、アイデンティティの確立の要素をみると、実は自分自身を確立するということは、他との関係が不可欠であることがわかる。人間は、一人では人間となり得ないのである。したがって、本当の意味での「私」の確立は、「自分のために行動する私」だけでなく「自分のため以外のことのために行動する私」をも含めてこそ「私」なのである。そのように考えてくると私たち日本人がアイデンティティを確立したり、あるいは再構築していくうえでボランティア活動の意義は大きいと考えられる。

1　アイデンティティの確立とボランティア

アイデンティティという言葉は、アメリカの心理学者であるエリクソンが、一九五〇年代に打ち立てた理論であり、「自己同一性」と訳される。その意味は、簡単にいうと子どもが成長して、「私」が確立する。つまり、一応大人になるということである。

ボランティアの活動は、「私」の問題として捉えた場合、アイデンティティの確立の一環と捉えることができる、つまり、大人になる過程の中で考えることができるのではないかということである。私たちが生まれてから大人になるまで、つまりアイデンティティが確立する過程で、ボランティアは自分自身を成長させ、自分をつくっていくための大きな要素になっていくのではないかということである。

色々なことで、マスコミや新聞などで日本は病んでいると言われるが、一つ例を出して考えてみよう。私たち日本人の多くは、親に「他人の迷惑になってはいけない」、「人の迷惑にならないようにしなさい」というように育てられてきた。実は、これが大きな問題なのである。どういうことかと言えば、「人の迷惑になってはいけない」ということは当たり前のことであり、重要なことである。しかし、このことだけを強調したり、このことを中心に教育したりすると「人の迷惑にならなければ何をしてもよい」ということになる。このような考え、態度が、戦後、多くの日本人に根付いてきたのではないかというのが私の理解である。つまり、「人の迷惑にならなければ何をしてもいい」、「自分の利益のために」という損得勘定に基づいた生き方をしていこうという社会が出来上がってきたのではないかということである。これが非常に大きな問題なのだ。

ところで、人間関係は、大きくわけて二つある。それは、「利害関係のない関係」と「利害関係のある関係」である。利害関係とは、損得の関係である。人間は、社会に出て仕事をするようになると多くの利害関係が発生してくる。この利害関係は、もちろん悪いことではなくて、私たちが生きていく経済活動の中では必要なことである。しかし、多くの大人が忘れているのが利害関係のない関係である。この利害関係のない関係とは、親子、恋人、親友、恩師などとの人間関係である。これこそが人間の本質的な関係なのである。それがうすく考えられてきたり、友達の関係も利害関係的に考えてしまったりするところに大きな問題がある。

利害関係のない関係とは、他人に迷惑をかける、かけない、ということではない。実は迷惑とは利害関係に基づく言葉である。そして、多くの親も先生も、この利害関係による人間関係に基づいて教育を行ってきたのであり、そこに問題があるのだ。

人間には、迷惑にならなくてもやってはいけないことがある。援助交際を例にあげてみよう。援助交際をしている女子高生がいたとして、本人は「誰にも迷惑になっていないじゃないの、どうして駄目なのよ」という。その時に、親も先生も情けないことにどうして駄目なのかをはっきり答えることができない。これは利害関係の立場から考えれば答えられないのである。本来、子どもと親や先生とは利害関係のない関係なので、迷惑になっていなくてもやってはいけないのである。利害関係のない関係は、感情や心でつながっているわけであるから、その人を悲しませたり、傷つけるということ自体やってはいけないのである。そういう関係を大事にしてこなかった、こういうことに気づいていない。

利害関係のない関係では、迷惑にならなくてもやってはいけないことがある、逆に迷惑になってもやらなければならないこともある。世の大学生はほとんどが、親に迷惑をかけている。たとえば、大学に行くのもお金がたくさんかかるから親は迷惑かも知れない。さらに、大学院へ行きたいといったら、やっと大学まで出したのに、また二年間もしくは五年間お金を出さなければいけない。しかし、親は承諾してくれる。親と子どもは利害関係のない関係なので、迷惑だとしても子どものやりたいという気持ち、子どもの志を大事にして大学にいかせるのである。「世の中のためにやらなければならない」という意志や大志があれば、たとえ他人に迷惑をかけてもやらなければならないことが人間にはあるのだ。

昔、貧しかった時代は、村で頭の良い子がいたら、村の人たちがお金を出しあってその子が大学にいけるように「世の中のために頑張って」と援助をしたものである。村の人たちは、その子どものためにお金を出して迷惑だけれども、その子どもが能力があり世の中のために人のためになると思えば、みんなお金を出すわけである。利害関係を超えているのだ。大きな志、使命観をもっていたら、人の迷惑になってもやらなければならないこともあるということである。それが本質的な人間関係なのだ。

ところで、ボランティア活動は、一般的には他のために（人、動物、社会、地球など）行う行為と捉えられている。つまり、相手への思いやりや優しさ、あるいは社会的不正に対する正義感、あるいは災害や地球環境への危機感に基づいて他に対して、他のために行うことであると思われている。もちろん、その通りである。

しかし、果たして、それだけなのであろうか。結論から言えば、「ボランティアは自分のため」でもある。というよりは、本質的に自分のためなのである。これは、よく言われる「情けは人のためならず」というような情けを人にかけておけば、巡り巡って自分によい報いが来るという意味ではない。もっと、根本的な問題である。

前章でみたようにボランティアの最初の要件である「主体性」「自主性」ということから、次のように考えることができる。

たとえば、目の前で、小さな子どもが転んだ、とする。その時どのように思うだろうか。多くの人は、「大丈夫だろうか。怪我をしていないだろうか。起こしてあげよう」と、思うであろう。そして、その中の何人かは実際に子どもを起こしてあげて、怪我がなかったことを確認して「良かった」と思うのである。また、町に流れる川が汚いので、みんなで川を掃除しようと友人達に声をかけて、一日がかりで掃除をして、きれいになった川を見て、「良かった」と思う。これらの、いわゆるボランティアと言われる行為は、たとえば、お腹がへって、「ご飯を食べたい」と思い、おいしい食事を食べて、満腹感に満足しながら「おいしかった」というのと同じである。

なぜならば、「～をしたい」→「～ができた」→「良かった」という図式で考えれば、全く同じことなのである。つまり、自分が「やろう」と思ったことをやって、それが「できた」ということであるから、自分のためなのである。

その「やろう」という気持ちの内容が「人を助けよう」とか「環境問題に取り組もう」というように、「他のための行為」である場合、それがボランティアと呼ばれるのである。そのように考えるとボランティアとは、「私」から始まる行為で、私自身の問題として帰着する行為であり、「自分のため」は「他のために」より先行する。したがって、その内容が「他のため」「自分のため」という以前に「自分のため」なのである。ボランティアをすることを自慢することの無意味さがここにある。ボランティアの言葉自体、自発的にやるという意味であり、まさに何かを自分がしたいと思った時点で自分のためである。そのように考えたら、何も特殊なことをしているわけでもないし、偽善的な行為でもなく、普通にすべきことをしているだけなのである。

ただ、「ご飯が食べたいな」→「食べられた」→「よかったな」と、ボランティアの違いは、相手がいることである。やってあげて相手がありがた迷惑だったら意味がない。相手がいることだから、自己満足だけではなく、相手もやってもらってよかったなと思ってもらえなければ意味がない。

少し話を変えて、アイデンティティの確立、自分が大人になっていくなかでボランティアが必要だと述べたが、それでは大人になっていくということはどういうことなのかについて述べておこう。

2　思春期

中学生、高校生の時期を思春期とか青年期前期というが、簡単に言えば子どもでもなく、大人でもない時期である。この時期は、子どもから大人へ変わろうとする時期であり、精神的にも身体的にも非常に不安定な状態にある。中学生の時に、ほとんどの人が、すごく不安を感じたり、「自分って何だろう」、「自分の存在って何だろう」と悩んだりしたことがあるだろう。どうして心が不安定になるかというと、小学生ぐらいまでは自分中心で生きて、中学生になると自分を客観的に見るようになる。ふと、「もし自分がここにいなくても世の中は普通に動いているのではないかな」、「自分が死んでも世の中は変わりないのでは」、「それなら自分はいてもいなくてもよい存在なのでは」、「何のために自分は生まれてきたのか」などと考えるとすごく不安になってくる。たとえば、ある日突然、満開の桜並木を見ていて、ふと寂しくなり、今いる場所が遠くの景色に見えてくる。今まで世界は自分を中心に広がっていた。だから何の疑いもなく、自分のまわりで咲き乱れる桜をきれいだと思って見ていたのだ。しかし、ある時、自分が存在しなくても同じように桜は咲いているのだということに気がつく。その時、私のまわりの世界が、私のまわりではなく、自分とは関係のない均質な世界に見えてくる。つまり、主観的世界観に生きていた私が、客観的世界観を知ってしまったのである。その瞬間に、自分の存在が、絶対的存在から相対的存在へと変わったのだ。

この時から、「私」は自分とは何か、生きるとは何か、世界とは何か、他人とは何か、などについて、悩み始めるのである。

このように、思春期は、単に春の訪れという楽しいものだけではない。苦悩と葛藤の始まりでもあるのだ。

また、思春期になると急激に身長が伸び、体重が増えてくる。また、性機能が急速に発達する時期であり、第二次性徴が発現する。男は男性の身体、女は女性の体つきになってくる。具体的には、男子は、骨格、筋肉、性器が発育し、ひげ、わき毛、性毛が生え、声変わりが起こる。女子は、男子より少し早く第二次性徴が現れ、乳房の拡大、骨格の女性化、皮下脂肪の沈着、性毛の発生などがみられる。この時期は、誰しも自分の身体の量的および質的な変化にとまどいつつ、それを受け入れていかなければならない。しかも、第二次性徴は個人差が大きく、友人や同級生とその変化を共有することが難しいため、一人で悩んだり、誤った行動をしたりする。

そんななかで、時に若者たちは、無気力になったり、攻撃的になったり、落ち込んだり、恐怖感にさいなまれたり、孤独感に陥ったりする。

これが大人になっていく一つの過程なのだ。そのなかで自分を相対的にみることができるようになるということが大人になるということである。

3 分離・自立

思春期は、人生最大の分離・自立の時期であり、第二反抗期とも呼ばれる。

この時期を通じて、私たちはアイデンティティの確立をめざすのであるが、現代は、それが非常に困難になっている。

私たちは、母親から生まれた。生まれる前は、母親の胎内で羊水につかり、臍の緒でつながっていた。母子一体の状態である。出産によって、強制的に母親から肉体的に分離される。しかし、この時点では生存すること自体はもちろんのこと心理的にも母親に依存している。たとえば、赤ちゃんは、母親にダッコされることで安心感を得ているのである。ダッコは、まさに擬似的に胎内にいる状態を再現している。ダッコされた子どもの姿は胎内にいる時とほとんど同じであり、母親の体温に触れ、母親の心地よい心臓の鼓動を聞きながら眠るのである。まさに、安らかな時間である。生後半年前後で、離乳が始まる。いわゆる乳離れということで、これも半ば強制的に母親から離される。その後、二歳くらいになると第一反抗期がおとずれる。今まで親だけだった子どもが、親のいうことを聞かなくなったり、親に怒られるようなことばかりをするようになったりする。これは、能動的な分離、親からの心理的分離のはじまりである。その後、親との関係を保ちながら、幼稚園や小学校で自我を形成しつつ、友達関係をつくっていく。

そして、いよいよ中学生の頃から子どもから大人への移行がはじまり、この時期が第二反抗期と言われる時期である。ルソーが『エミール』のなかで、「わたしたちは、いわば、二回この世に生まれる。一回目は存在するために、二回目は生きるために。はじめは人間に生まれ、次には男性か女性にうまれる」と述べ、この時期を「第二の誕生」と呼んでいる。この第二反抗期、「第二の誕生」は、今までの発達の延長上にあるのではなく、質的に大きな変化を伴うため、不安や葛藤、恐怖が入り交じり、心理的に非常に不安定な時期である。分離という立場からみると、この時期は、「親からの分離」「社会との分離」「自己の内面と外面の分離」「男女の分離」の四つの分離が同時進行する。したがって、第一反抗期とは比べものにならないほど激動の時なのだ。

まず、「親からの分離」についてであるが、第一反抗期の時の親からの分離とは、そのレベルが違う。中学生くらいになると親と身長も体重も変わらなくなり、自我もしっかりしてきて社会的視野も広まり自分の理想を持つようになる。また、交通機関の料金が大人になるなど社会もある程度子ども扱いしなくなる。このような変化の中で、子どもにとって親は一人の人間、あるいは大人として見えるようになってくる。親ではなく大人として見てみると今まで絶対的だと思っていた親の言動に不満を感じたり矛盾がみつかったりするようになり、反抗や反発を繰り返す。このように心理的親離れは加速するが、一方で親に甘えたい、依存したいという気持ちも高い。高校生になると多くの場合、反抗的態度は緩和する。その後は、より広い社会や人間関係を経験することで、親ということと一人の大人であるということが本人のなかで統合していき、親子関係は良好になっていく。

次に、「社会との分離」であるが、学校や社会に対する反抗として現れる。たとえば、学校の校則に反発し髪の毛を染め、あるいは先生に反抗して暴力をふるうなどということがそれにあたる。また、社会に対して直接反発する形で、暴走族に入るような生徒もいる。小学校までは、何の疑いもなく学校の先生のいうとおりにしてきたし、校則や社会のルールにも従ってきたのだが、何故守らなければいけないのか、何故いうことを聞かなければならないのかという気持ちが沸いてきて、その答えが出ないから反発するのである。

また、「内面と外面の分離」であるが、これは自分の内と外である。今までは、思ったことをしゃべり、誰にでもあまり気にせずに同じように話をしてきた。それが、相手にあわせて、まわりの状況に合わせて心の中で思っていることと違った言動をするようになる。このような自分自身に対する嫌悪感に苛まれるのがこの時期である。

さらに、この時期は「男女の分離」が顕著になってくる。身体的には第二次性徴期に入り男女差がはっきりしてくるが、精神的にも互いが意識し合い、反発すると同時に引き合う。この頃から恋愛感情が生まれ、男女交際などもはじまる。

このように、この時期は、身体的にも心理的にも不安定で、しかも成長していく過程であるため、「守り」が少ない。

4　アイデンティティの確立

アイデンティティは、エリクソンによって理論化された、自我の発達を理解するための概念である。エリクソンは、人間は生涯にわたり、その年齢段階に応じた心理社会的危機があり、それを克服していくことで自分自身が形成されていくとする。そのなかで、青年期はアイデンティティ、つまり同一性の確立の時期で、思春期はそのはじまりの時期である。アイデンティティの確立そのものは一生涯続くものだが、その中心となるのは思春期であり、ある程度この時期に達成されるべき心理社会的な課題である。

先にみたように最大の契機が第二次性徴による身体的変化と性衝動であり、また今まで自分というものを何の疑いもなく、当たり前のこととして受け入れていたが、「自分とは何か」、「自分はこれからどうなるのか」などというように「自分で自分がわからない」状態になる。これをアイデンティティ拡散の危機というが、この危機の中で、自分自身を見つめ自問自答しながら、「自分は何者か」、「自分はこれからどうなるのか」を考え自分なりの解答を見つけていく。つまり、真の自分を見出し、自分の生き方を見つけるという心理社会的な課題に関わる様々な葛藤を経験しながら、それを克服することでアイデンティティを確立していくのである。

アイデンティティの確立は、次のような側面がある。

図3－1　E. H. エリクソン

（出所）　鑪幹八郎『アイデンティティの心理学』講談社（講談社現代新書），1990年.

(1) 単一性

単一性とは、人間は色々なペルソナをもっているが、自分が一人であるということを納得できることである。どういうことかというと、人間は、場面によって色々な顔や態度で人と接している。今授業を聞いているまじめな私、彼氏といるときの優しい私、親とけんかして暴言を発している私などいろいろな顔がある。この色々な顔をペルソナという。ペルソナというのは古代ギリシャの演劇において役者がかぶる仮面のことであり、それが由来である。つまり、私たちはいくつも仮面をもっているわけである。私も、大学の授業でまじめに話をしていても、家に帰って子どもと遊んでいるときはだらしない親である。色々な顔を持っているのが大人なのだ。そして、色々な顔を持っているが全部私の顔である、私自身だと納得できることが大人の一つの条件なのである。

中学の時など、まじめな生徒が「僕は正義感が強いんだ、タバコなんか吸うのは許されない」とみんなの前でいつも言っているのに不良グループがタバコを吸っている場面に出くわしたらスーっと見てみぬふりをして通り過ぎた。その後その生徒は「俺はなんて卑怯な人間なんだ、いつもえらそうなことを言っているのに注意をすることもできなかった」と悩んだりする。また、女の子同士でよくあるのが、「○○ちゃんは男の子の前ではかわい子ぶりっ子で女の子の前ではすごくきついよね」と、他人がいろいろな顔を使い分けていることを批判したりする。また、「先生の前ではまじめそうにしている自分って嫌な人間」、「相手によって態度を変えてしまう自分って何だろう」、「友達のいうことにばかり合わせている自分ってなんなんだ、自分はどこにあるのだろう」と悩むのである。

それが、大学生ぐらいになると、色々な顔があるが、「私は私」という感覚が形成されている。それらも含めて色々あるがすべて自分であると納得することが大人になる最大の条件である。

つまり、自分の中で全てが統合され、全て私であるということを自覚的に納得した状態を単一性という。「自分は自分である」、「この自分でよい」といった感覚である。

(2) 連続性・不変性

人間の体格や性格、能力は成長とともに変わっていく。しかし、昔の私も今の私も未来の私も別々の人間でも私でもなくズーっと連続した私である。当たり前のようであるが、昔の嫌な自分を認められない人も多いのである。

私は、心理カウンセラーもやっているが、今までに二、三人、大学生のクライアントで小学生や中学生の時の記憶がまったくない学生がいた。なぜかというと、小さい時から親に虐待を受けていたのである。人間は、他人にひどい目にあわされるより、親から虐待を受ける方が辛いのである。一番愛してほしい人、一番愛している人、つまり親から虐待を受けるほど辛いことはないのである。虐待を受けたということを覚えていると辛くて生きていけない。だから、忘れるのである。忘れるといっても無意識の世界に記憶を無理に押し込んでいるだけなので、時に、無意識の領域にある心の傷がうずき、心の意識の領域の部分を突き上げる。

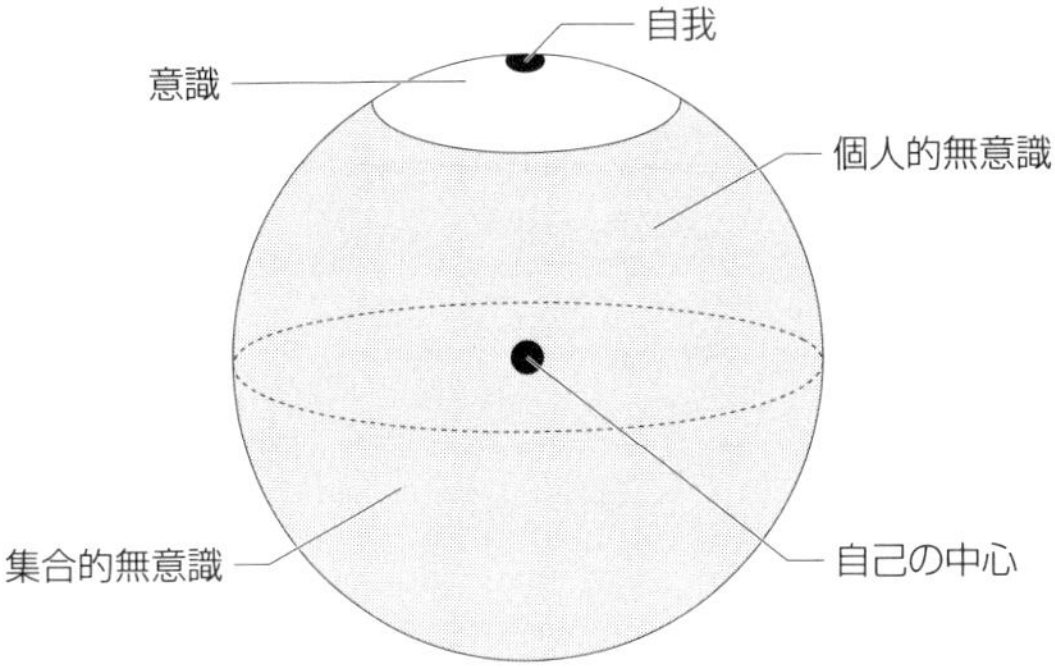

図3－2　ユングの心の構造の図

そのことで、意識の中心にある自我（私）が揺さぶられて、理由がわからないのに不安になったり、怖くなったりするのである。

たとえば中学生の時の記憶がないということは、自分の生きてきた歴史のなかで空白の部分があるということであり、連続性がないということである。つまり、アイデンティティの確立のうちの連続性がないということになる。よくドラマなどで自分を捨てた親を探すというストーリーがあるが、それを見て、「捨てた親などどうでもいいじゃないか」と思うのだが、人間というのは「自分の根拠がほしい」、「自分はどこから生まれたのか」、「誰に育てられたのか」、生まれた時からの連続性・不変性を求めるのである。それがないと人間は独り立ちができないのだ。

そういうことで、当たり前のようだが、連続性・不変性というのは人間が大人になっていく上で非常に大切な要素である。

今までもこれからも全て自分であるという感覚が連続性・不変性である。

「以前の内気だった私と今の社交的な私は同じである」、「これからもこの自分でやっていける」という感覚である。

(3) 帰属性

人間は、一人では生きていけない。アリストテレスがいうように社会的動物である。組織や集団のなかで、自分の居場所や役割があり、存在意義が必要となる。どこかの組織や集団に意味ある形で所属しているという実感が、帰属性である。「自分は周りから受け入れられている」、「社会にとって意味がある」という感覚である。

自分は周りから受け入れられている。社会にとって意味がある。たとえば学校の場合、「自分はクラスのなかに居場所がある」という感じ、つまり、クラスの一員だという感覚を持っている。クラスの中にいても家族の中にいても自分の居場所がなかったら帰属性が持てない、これでは社会で生きていけない、大人になれないのである。言い方を換えると組織の中で役割分担があってこそ、「私」の存在意義があるということである。ところで、小学校や中学校では、生徒に学級委員とか美化委員とかを決めるが、これは組織の中で意図的に役割分担して存在意義を与える仕組みなのである。クラスの中で「自分はこういう仕事をしている」ということで、自分の必要性を感じる、帰属性を持つようになっていくように仕組んであるのだ。ただそこに居るだけでは人間は辛いし、しんどいのである。その組織のなかで自分が役割も持つことによって存在する意義がある、意味があるということなのだ。

(4) 独自性

人間は、集団に帰属はしているが、私は、世界で唯一の存在であり、かけがえのない存在でもある。他人とは違って、自分なりの個性を持っており、短所もあるが長所もある。自分は人と違うところを持っていて、それを変えたり人に合わせたりする必要はなく、自分独自のものであるという確信が独自性である。組織や集団のなかで、いくら上手くやっていけても他人の意見や行動に追随しているだけでは大人になったとは言えないのである。「自分らしさがある」、「自分なりの考えを持っている」、「自分なりの才能を持っている」という感覚である。

（5）肯定的自己像

今述べてきたような自分自身、つまり単一性、連続性・不変性、帰属性、独自性を持った私に、ある程度自信があり、問題が生じた場合でも基本的にこの自分で前向きに対処していこうという気持ちがある。自己嫌悪があって「自分のことが好きじゃない」、「私、自分が嫌いです」という状況ではまだ大人とは言えない。ある程度、自分は自信と誇りを持てている人間だ、という自己像が肯定的自己像である。「この自分が好きである」という感覚である。

以上のような用件、つまり単一性、連続性・不変性、帰属性、独自性を前提とした自己肯定的な主体的実存的感覚がアイデンティティが確立した状態と言えるのである。

5　現代社会のなかで

現代社会は、アイデンティティの確立が難しくなっている。同一性が確立するということは、簡単に言えば一応大人になるということである。エリクソンは、一八歳頃には、アイデンティティが確立すると述べている。ただ、エリクソンがアイデンティティの確立についての理論を出したのは、一九五〇年代のアメリカである。私の感覚では、現代の日本人の若者がアイデンティティを確立するのは二四・二五歳ぐらいではないかと思っている。昔に比べて大人になるのがだいぶ遅れているようであり、大学生でも中学生か高校生のような感じがする。その理

図３－３　元服の図

（出所）『武道伝来記』巻八.

由は、現代の若者や子どもの能力が低いというわけではない。

まず、現在社会は、昔に比べて情報量が飛躍的に多くなっており、さらに人生の選択の自由度が高まっている。したがって、多くの情報から自分の歩むべき道を決定したり、生き方を確定したりしていくためには、多くの時間を要するのは当たり前のことである。たとえば、今は、成人は二〇歳からとされているが、昔は男子の場合、一一歳から一六歳で元服、成人式を迎えて大人になったのだ。儀礼・法制度的にも大人になるのが遅くなっている。また、社会状況からみても、現代人は多くの顔を持たなければいけないが、江戸時代に農家に生まれたら少しのペルソナを持てばそれでよかった。なぜならば、学校はない、ほとんどの農民は一生村から出ないで生涯を過ごす、という具合である。たくさんの顔を持つ必要がないので、たとえば家での顔、村での顔の二つぐらいの顔ならどちらも自分であると納得できる、つまり単一性を得るのは早い段階で達成できる。しかし現代の若者は、家にいるときの顔、学校での顔、塾での顔、友達といるときの顔、恋人といるときの顔、バイト先での顔、メールをしているときの顔など、様々な顔をもたなければいけない。社会が複雑化してきたから、たくさんの情報が入ってくるから、たくさんの顔を持たなければいけなくなり、それら全ての顔を自分であると認めるのに時間がかかるようになってきたのである。さらに、昔は農家に生まれたら農家を継ぐほかなかった、考える必要もなかった。武士の息子に生まれたら武士になるしかない、商売をやりたいなんて思うこともないし絶対やれない、したがって、自分の将来を考えることはなかった、生まれたときから決まっていたのだ。それに対して、現代人は、何にでもなれる可能性があり、何をしてもよい、どんな職業についてもよいと言われたら、それはそれでなかなか大変なことである。考えたり、悩んだり、迷ったりする時間が必要となる。だから大人になるのが遅れていくのであり、当たり前のことなのである。

現代に目を向けてみよう。良し悪しは別として、高度経済成長期には、多くの若者が目指すべき将来の方向性は明らかであった。良い大学を出て、一流企業に就職して定年までまじめに働くというライフデザインを本人も親も社会も良い生き方であると思っていた。それが、バブル崩壊以降、それまでのような経済発展はみこめず、厭世的世界が広がっている。このようななかで、どのような生き方が良いのか誰も答えを持っていない。それどころか、大人や親自身のアイデンティティが崩壊している場合すらある。このような社会のなかで若者は、人生の目的を探しながら一人悩んでいるのである。その結果として、現代社会の多くの若ものはモラトリアム人間が多く、また高校生、大学生が幼稚化していると言われているのだ。

6　モラトリアム

モラトリアムとは、人間や特定の集団が、発達を遂げていくのに必要な準備期間のことである。もともとモラトリアムという言葉は、経済用語であり、借金などの支払い猶予期間を意味する。それをエリクソンが、人間や特定の集団が、発達していくのに必要な準備期間という意味で用いた。エリクソンは、モラトリアムを①精神・性的モラトリアム、②心理・社会的モラトリアム、③歴史的モラトリアムという三つに分類しているが、思春期におけるモラトリアムは、主に②にあたる。

この心理・社会的モラトリアムが、一般にモラトリアムと言われる。青年期になると、身体的・性的には成熟するが、心理的・社会的にはまだ大人としての十分な能力を身につけているとは言えず、大人になろうともがいている時期である。アイデンティティの確立が求められてはいるが、危機状況を克服する段階であるとし、最終的な責任や義務を猶予されている期間が、心理・社会的モラトリアムである。まさに、高校生、大学生の時代は、親も社会も公的に認めた、「制度化された心理・社会的モラトリアム」の期間なのである。

こういう期間が長くなってきている。身体は大人になっているが人間としては大人になりきれていない、猶予期間が日本人は相当長い。これは日本が裕福だからである。たとえば、開発途上国のカンボジアで、モラトリアムの若者はほとんどいない。とりあえず自分が生きていかなければいけないので、社会が、現実が猶予期間を与えてはくれない。毎日どうして生きていくか、食べるものを確保するためにはどうすればよいか、食べるためにどのようにお金をもうけるかを考えることが第一であり、切羽詰まった状況なのである。したがって、「自分が何者なのか」「自分は何をして生きていったらよいのか」というようなことを考えている暇がないのである。先進国になるほど、何をしてもいいと言われるほど、どんな生き方をしても許されるほど、どんな職業についても生きていけるほどモラトリアムの期間が長いようである。

7　アイデンティティの確立以降

アイデンティティの確立は、青年期で終わったわけではない。成人期から老人期、つまり生涯にわたり、青年期にできあがったアイデンティティの問い直しと再構築が繰り返されるのである。

「色々な顔を持っていて全部私と思えるようになった」、「自信ももてて組織のなかでもうまくやれている」ということで大人になったとしても、これは一応である。たとえば、卒業して会社に入社したら、新たに「会社員とし

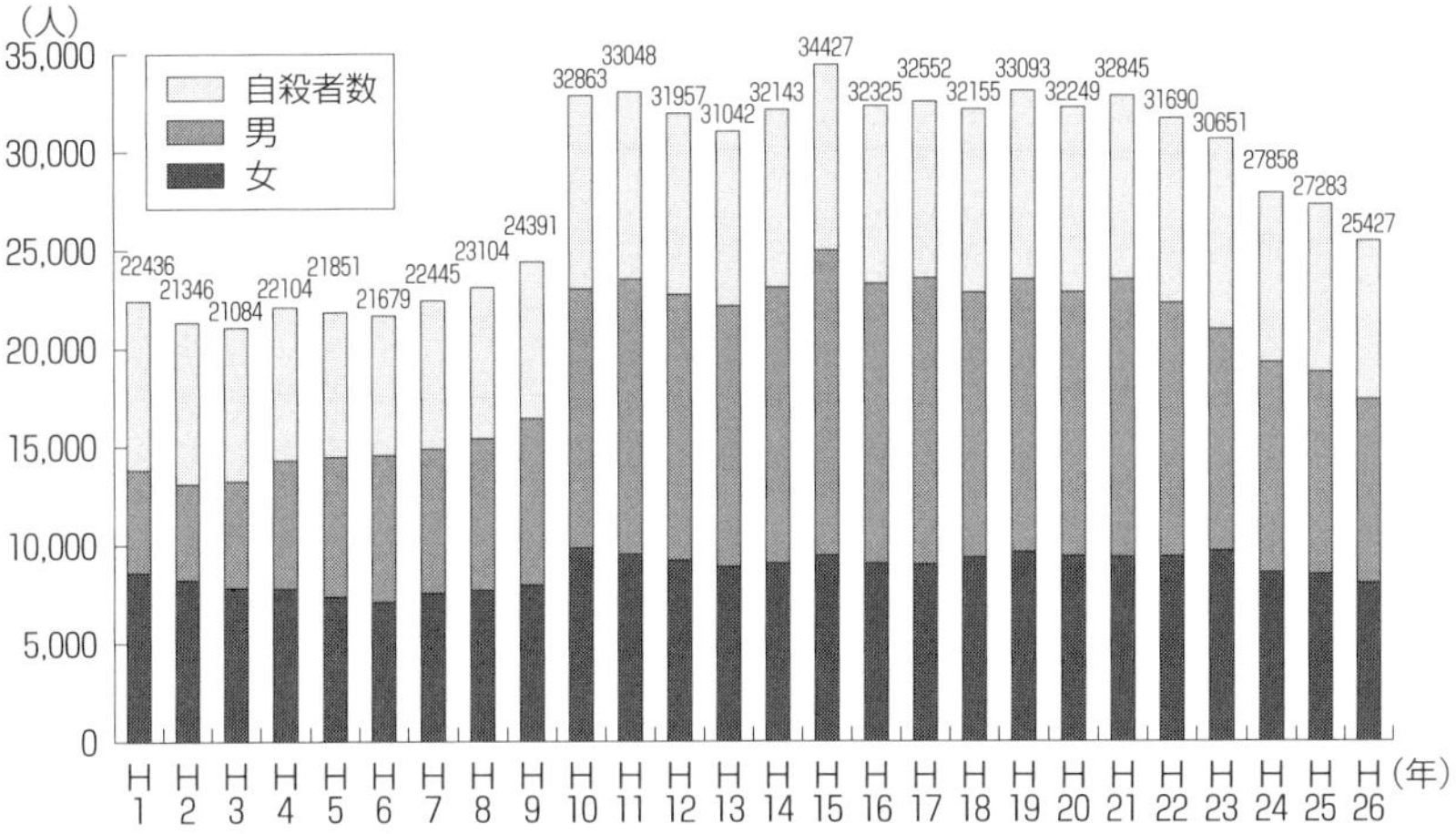

図3－4　自殺者の統計

（出所）　内閣府自殺対策推進室「平成26年中における自殺の状況」2015年より作成.

ての私の顔」が増える。この顔も私の中に組み込んでいかなければいけないのだ。これが組み込めなければ、会社が嫌になってやめることになる。その次に、結婚したならば、「夫としての私」、「妻としての私」の顔が新たに加わることになる。これも、バージョンアップして私にいれていかなければいけない。次に、子どもができたならば、「母親としての私」、「父親としての私」の顔ができ、また加えていくことになる。そのように考えていくと、人間は、死ぬまで、自分を成長させていかなければいけないということがわかる。

ところで、わが国では、毎年多くの人が自殺で命を失っている。二〇〇三年には三万四〇〇〇人を記録し、それ以降減少傾向にあるが、未だに二万五〇〇〇人以上の人が毎年自らの命を絶っている。この数は、日本の一年間の交通事故死者数が約四〇〇〇人であるから、その六倍以上にあたる。しかも自殺者の中の七割弱が男性で、その中で四〇歳代から六〇歳代が五割以上を占めている。つまり、日本のお父さんが数多く自殺しているのだ。なぜかというと、様々な理由はあるのでこれだとは言えないが、アイデンティティの確立という視点から考えた場合、四〇歳五〇歳になれば、会社の場合、だいたい課長か、部長といった役職になっている。つまり、「課長の顔」、「部長の顔」があり、社会的地位もある年齢である。そこへ、ある日突然、会社が倒産したり、リストラされたりしてできた「失業者の私の顔」を今までの「私」のなかに取り込むことは容易なことではなく非常に難しい。だから自殺することになると考えられる。長い人生のなかでは、「いい顔」ばかりではなく、「離婚した顔」、「挫折した顔」など色々なことがある。それらの顔も常に自分のなかに取りこんでいく。そういう作業が一生続くのである。

就職、結婚、子どもの誕生、転職、退職など、その都度経験する危機に対処しながらアイデンティティを新たに確立していき、バージョンアップしていくことになる。それらをうまく取り込んでいけたら人生うまく暮らしていける。そう考えると人生は大変だが、やりがいもあると言える。

8　利害関係のない関係と社会貢献

大人になっていくうえで、利害関係のある関係の意識だけで育っていったらひずみのある人間になってしまう。先に述べたように、人間関係の基本は利害関係のない関係である。利害関係のない関係とは、親、子ども、恋人、友人、恩師などとの関係である。これは近しい人との関係である。それ以外に、それ以上に利害関係のない関係を多くの人と、自分とは直接関係のない人ともっていくのがボランティアである。

たとえば、先にも述べたが、歩いていて、近くで転んだ子どもがいたので、起こしたとする。その子は今まで見たこともない、会ったこともない子どもである。助けたからといって自分に利益はない。しかし、心の中から助けたいと思って助けた。利害関係のない人間関係がそこで成立するのだ。利害関係のない人間関係を近しい人、家族や親友などから社会にもっと広げていくのにボランティアというのが非常に役立つということである。その中で大人になっていって自分を創っていくと本人にとっても豊かな心になれるし、社会にとっても意味のある活動ができるようになる。そういう大人になっていくことが求められるのである。

また、利害関係のない関係は、楽である。心が豊かになる。損得を考えての人間関係の中で自分を創っていくというのは非常に辛いものである。利害関係のない関係の中で自分を創っていける場所があるというのは非常に生きやすい。そのように考えて、ボランティアを捉えるのも一つである。

参考文献・資料

（1）前林清和他『カウンセリングマインドを学ぶ』トゥエンティワン、二〇〇八年。
（2）ルソー（今野一雄訳）『エミール』岩波書店（岩波文庫）、一九六二—六四年。
（3）氏原寛・菅佐和子編『思春期のこころとからだ』ミネルヴァ書房、一九九八年。
（4）市川浩『〈身《み》〉の構造——身体論を超えて——』青土社、一九九七年。
（5）内閣府自殺対策推進室『平成二六年中における自殺の状況』二〇一五年。

第4章　ライフデザイン論

はじめに

人生と一言で言っても、昔と今では相当違った様相を呈している。

江戸時代は、士農工商という身分制度で社会が構成されており、人々に人生の選択権はほとんどなかった。つまり、農家に生まれれば農業をつぎ、武家に生まれたなら武士として生きなければならなかった。人生は生まれた瞬間からほぼ決まっていたのである。

明治時代になると、西洋的な価値観や技術とともに社会制度も導入され、いわゆる四民平等となった。しかし、ほとんどの国民は、厳然として職業が固定されていた。つまり、職人の子どもに生まれたら職人に、農家の家に生まれたならば農業を継ぐというのが普通であった。

しかし、第二次世界大戦後、わが国は民主主義、自由主義により、生き方の選択肢が飛躍的に豊富になった。一方、驚異的な経済発展をとげ先進国の仲間入りをし、その後はバブルが崩壊して景気が以前のように右肩上がりで成長するということはない。しかし、経済的にはバブル以前に比べて勢いはないが、生き方についてはさらに多様になってきたように思う。

ここで、私たちが納得した人生を歩むためには、ライフデザインが必要となってくる。なぜならば、選択肢が多くあればあるほど、どのような生き方をするか、どの道を選ぶかということを自分で決めなければならないからである。

選択肢が多いということは、自分で決めないとどうにもならないということでもある。したがって、如何に人生の道を選択して、デザインするかが問題なのである。ライフデザインとは、簡単に言えば「個人の生涯を総合的に考えること」であり、「満足のゆく充実した人生を生きるために、自分の生き方や暮らし方を考え、計画し、実行するために作成する人生設計計画」のことである。

ところで、わが国でもようやく、ボランティアが盛んになりつつある。周知の通り、阪神・淡路大震災を契機にボランティアが急速に広まった。全国から一年間にのべ一三〇万人の人々がボランティアに駆けつけ、多くの人々を救ったのである。ボランティア元年と言われる所以である。その後、ボランティアは、少し沈滞気味になったと言われるが、それでも着実に社会に根をおろしつつある。

実は、このボランティアこそが、人生を豊かに生きるためのライフデザインに大きく貢献する活動と成り得るのである。なぜならば、ボランティアこそが、個人の人生を豊かにすると同時に他者や環境に対して貢献できる、つまり社会貢献に大きく寄与することができる人間的活動だからである。

本章では、ライフデザインを描く必要性とその背景を明らかにした上で、ボランティアを何故ライフデザインの中に組み込んでいくことが重要なのかを論じていきたい。

1　時間的ゆとり

私たち日本人は、毎日忙しく暮らしているが、それでも、以前に比べて、時間的ゆとり、つまり自由裁量時間を多く持つようになった。その理由の大きな要因は、平均寿命の延長、労働時間の短縮、高学歴である。

結論的に言えば、この三つの要因によって、私たちの自由裁量時間は、全生涯時間の三割以上をしめることとなり、また労働時間は人生の一割以下ということになりつつある。

つまり、私たち日本人は、一生涯という立場からみてみると労働時間の三倍もの自由裁量時間を獲得しているのである。

(1) 平均寿命の延長

私たちが、ライフデザインを考えるようになった大きな要因は、平均寿命の延長である。

わが国の平均寿命は、周知のとおり、世界トップクラスである。二〇一四年の統計で日本人の平均寿命は、女性が八六・八三歳、男性が八〇・五〇歳である（厚生労働省、平成二六年簡易生命表）。終戦直後、日本人の平均寿命は五〇歳程度であった。六十数年間の間に三〇歳以上も伸びたことになる。なんと、女性の平均寿命は、米寿（八八歳）に迫ろうとしているのである。

昔は、人生五〇年と言われていた。このような人生五〇年と言われた時代では、人々は働き、子育てをして、それが一応完了するころに多くの人が死を迎えていた。それを超えて六一歳まで生きると還暦、七〇歳まで生きると古希、七七歳まで生きると喜寿、八〇歳で傘寿、八八歳まで生きると米寿、というように呼ばれ、特別扱いされてきた。たとえば、昔は還暦を迎えると、長く生きたということで、赤いちゃんちゃんこを着て、赤い頭巾をかぶり、赤い座布団を敷いてみんなでお祝いをした。しかし、今では還暦と言われること自体を嫌がり、まだまだ現役、隠居じゃないという感覚で活動している人たちが大半である。七〇歳の古希は、唐の詩人杜甫の詠んだ「人生七十年古来稀なり」から出ている。昔は七〇歳まで長寿を保つのは本当にまれであったのだが、今日では決してまれなものではなくなっている。今や平均寿命が男性で喜寿を超えているのだ。しかも、現在は、男女合わせた全体の平均でも寿命は八二歳を超えている。このような時代にあって、六〇歳で定年を迎えた男性の後の一八年間、女性の二六年間、また子育てを一応終えた五〇歳の女性の三六年間は、どのように生きればよいのだろうか。

時間の余裕は余りあるほどある。しかし、いくら時間的余裕があるからと言って、やることがなければ、生き甲斐がなければ、充実した人生、豊かな人生を送ることはできないであろう。

先進国、特に日本では、寿命が延びたことにより、人生の後半の生き方が大きな課題として持ち上がっているのである。

(2) 労働時間の短縮

わが国の労働時間は、表にみるように急速に短縮されてきている。高度経済成長期にはエコノミックアニマルと言われ、日本人は働きすぎであると海外から非難された時期もあるが、現在ではアメリカとほぼ同じ程度の労働時間にまで至っている。

年間総実労働時間（二〇一二年）が一七六五時間ということは、一日八時間労働とすると年間労働日数は約二二〇日であり、休日は一四五日ということになる。つまり、一・五日働いて一日休みという計算となる。

さらに、ドイツでは、なんと年間総実労働時間が一三一七時間にまで短縮されており、一日八時間で換算すると、

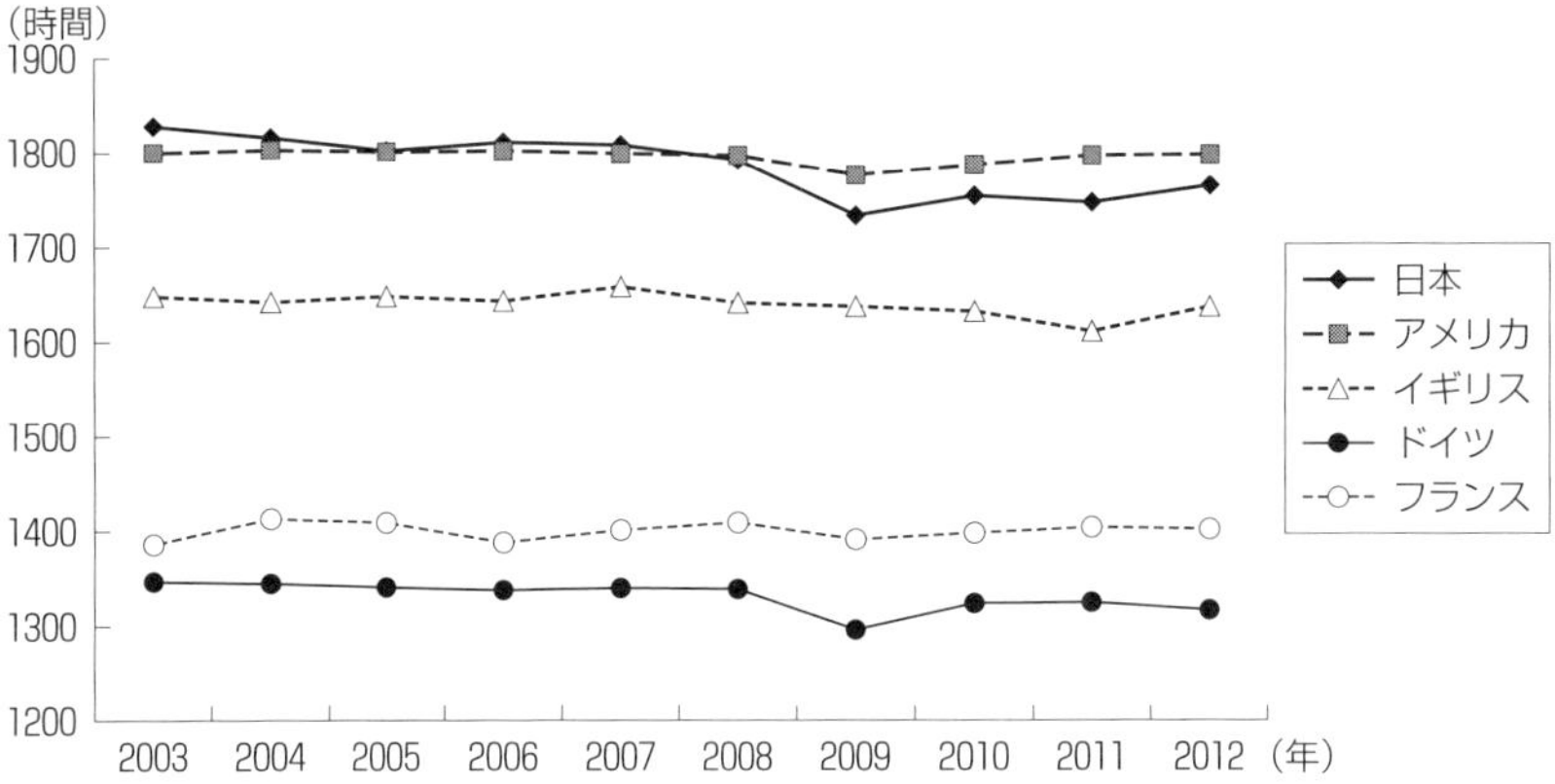

図4－1　年間総実労働時間の国際比較（製造業生産労働者）

（出所）厚生労働省ホームページより.

労働日数が約一六五日、休日が二〇〇日となる。つまり、一年間の五五パーセントは休日ということになる。

ところで、生涯労働時間を考えると、高学歴化が労働時間の短縮に一役買っていることになる。ほとんどの人々が高校に進学し、大学（短大含む）への進学率も五三・九パーセント（平成二六年度、文部科学省学校基本調査速報）となり、半分以上の高校生が大学（短大含む）に進学するようになったため、昔に比べて平均的に言えば労働開始の年齢が相当遅くなっており、定年が現在と同じと仮定すると人生における労働年数が少なくなることになる。

（3）休日の過ごし方

戦後、サラリーマンが増え、多くの日本人は、一週間のうち、六日働いて日曜日に休みをとるというのがごく当たり前の世界になった。この場合、サラリーマンのお父さんが、一週間の疲れを癒し、リフレッシュするために家でゆっくり休むというのは何ら不都合なことではなかった。奥さんは、「お父さん、一週間ご苦労様でした」と、ねぎらいの声をかけ、子ども達も、それなりに父親に感謝していた。しかし、一九八〇年代頃から、土曜日を休日とする週休二日制度が広く普及するようになった。そうなると、お父さんが土曜日の休みを休息ということで、家で遅くまで寝て一日中テレビを見ていても誰もなにも言わないが、二日目の日曜日も家でゴロゴロしていると妻や子どもに鬱陶しがられるようになってきた。しかたなく、世の多くのお父さんは、家にも居られずパチンコ店に行って一時間でなけなしの小遣いを使い果たしてしまって行くところもない、ということになる。また、たまの休みだということで、旅行に行ったり、ご馳走を食べに外食したりということはあるが、休みが多くなると、休みのたびに贅沢をするわけにもいかない。

このように、時間的ゆとりができてくると、それをどのように使いこなすか、有意義に過ごすか、ということが重要なこととなってきたのである。しかし、それは思いのほか難しい問題として私たちに突きつけられている。

2　ライフサイクルの変化

労働時間の短縮、平均寿命の延長、さらに高学歴化によって私たちの労働時間は少なくなり、それに相反して自由裁量時間が劇的に増えてきた。このようななかで、私たちのライフサイクルは必然的に変化していくこととなる。

(1)　労働時間と自由裁量時間

平均的な日本人の一生における労働時間と自由裁量時間について、具体的な数字で考えてみよう。

たとえば、現在の大学一年生を考えてみよう。一九九八年に生まれ、現役で大学に進み、現在一八歳。仮にこれからの人生を、新卒採用で大手企業に就職、三〇歳で結婚、その後二人の子どもをもうけ、一度転職をするがおおむね順調に働き、六五歳（定年が延長したと仮定）で定年を迎え、八四歳で他界したとする。なお、年間の総実労働時間を今よりドイツやフランスに少し近づいたとして一四〇〇時間とする。

その場合の生涯生活時間は、次のようになる。

二四時間×三六五日×八四歳＝七三万五八四〇時間

また、生涯労働時間（日本人の年間労働時間をもとに計算）は、

一四〇〇時間×（六五歳－二二歳）＝六万二〇〇時間

ということになる。

この生涯労働時間を生涯生活時間で割ると、

六万二〇〇時間÷七三万五八四〇時間＝八・二パーセント

すなわち、この人が生きている間に働く時間は、生涯のなかの一割にも満たないということになるのである。

それでは、次に、この人の自由裁量時間を計算してみよう。ここでいう自由裁量時間とは、生涯生活時間から、睡眠、食事、労働、学業、通学・通勤、入浴、トイレなどの時間を引いた時間であり、自分の自由に出来うる時間のことである。

まず、生誕から就学前の自由裁量時間を一日あたり平均一〇時間とすると

一〇時間×三六五日×六年＝二万一九〇〇時間

となる。

次に、小学校から大学までの一日の自由裁量時間を平均八時間とすると、

八時間×三六五日×一六年＝四万六七二〇時間

となり、さらに、就業期間の出勤日における自由裁量時間を二時間とすると、

二時間×二二〇日×四三年＝一万八九二〇時間

となる。引き続き就業期間のうちの休日における自由裁量時間を一二時間とすると、

一二時間×一四五日×四三年＝七万四八二〇時間

さらに、定年後の自由裁量時間を一二時間でカウントすると、

一二時間×三六五日×一九年＝八万三二二〇時間

これら全ての自由裁量時間を合計すると

合計　二四万五五八〇時間

となる。この生涯自由裁量時間を生涯生活時間で割ると、

二四万五五八〇時間÷七三万五八四〇時間＝三三・四パーセント

ということになり、人生の三割以上が自由裁量時間ということになる。

（2）これからの人生

昭和初期の労働者を考えてみよう。平均寿命が約五〇歳で、小学校卒業ですぐに働き始め、五〇歳で死んだとする。そして、盆と正月しか休みがなく、一日の労働時間を一〇時間程度とすると、生涯の三割程度が労働時間となる。それに対して、前項でみてきたように、現在のわが国の多くの国民の労働時間は、人生の一割以下である。つまり、生涯に働く時間は、約三分の一になっているのだ。

また、私たちの全生涯における自由裁量時間は、人生の三割以上にのぼる。しかも、就労期間においてさえ、一年の半分近くが休日である。そして、定年後、二〇年以上、労働時間がゼロという人生を歩むのである。

このように考えると、人生の生き甲斐を真剣に考え直さなければならないのではないだろうか。

昔は、仕事が生き甲斐でよかった。なぜならば、昭和初期では人生の三割を占める労働時間、つまり睡眠時間などのように労働時間以外に生活に必要な時間を除けばその多くが労働時間という人生を、当時の人々は過ごしてきたのである。そして、その流れは第二次世界大戦後の高度経済成長の時期の国民に受け継がれた。この頃の人生の生き甲斐は仕事ということになるし、その意味は十分にあったのである。

しかし、労働時間が人生の一割にみたなくなった現在、しかもその三倍以上に膨れあがった自由裁量時間を目の当たりにして、私たちの生き甲斐という捉え方そのものが違ったものになってくる。すなわち、人生の一割ということになれば、仕事が生き甲斐という単純な人生観だけでは、充実した豊かな人生は歩んでいけないのである。

3　経済的ゆとりの向上

人生の選択肢が増えた理由の一つは、経済的ゆとりの向上である。なぜならば、いくら労働時間が少なく、自由裁量時間が多くあっても、現在のような消費社会では、お金がなければ、つまり経済的ゆとりがある程度、確保されていなければ多くの生き方の選択肢を実現させることは難しい。

それでは、わが国はどの程度、経済的ゆとりがあるのだろうか。

周知のとおり、わが国は第二次世界大戦の敗戦以後、急速に経済成長をとげた。

昭和二〇年に敗戦した後、わが国は奇跡的な経済発展を遂げていく。その契機は朝鮮戦争である。軍需景気で、経済が復活し、昭和三〇年代になると高度経済成長期に入っていく。その頃、いわゆる三種の神器、つまり洗濯機、掃除機、テレビが家庭に急速に普及しだした。消費革命がおこり、わが国の国民の生活が豊かになりだし、東京オリンピックが開催され、敗戦からの復興が内外共に認められたのである。次に、昭和四〇年代は、引き続き高度経済成長期が続き、大阪で万国博覧会が開催されるなど世界的にも「経済大国」と言われるようになる一方、「エコノミックアニマル」と揶揄されるほど仕事中心の価値観が世の中を席巻した時代であった。

昭和五〇年代に入るとは、エネルギー危機を経て、地球資源の有限性を強く認識し、低成長へ移行していった。当時のスローガンは、「節約・省エネルギー」で、産業ロボットの開発やＩＣ技術の発展が進み日本の技術が世界で優位を占めるようになった。しかし、昭和六〇（一九八五）年円高が始まり、わずか二年で円の価値は二倍になった。この頃から、アメリカ主導のグローバリゼーションがはじまり、日本経済も貿易から内需にシフトしていった。

それ以降、わが国は、いわゆるバブル期をむかえるが、一九九〇年代に入り、バブルは崩壊し、それからわが国は長期的な不景気となっていたが、二一世紀をむかえ、次第に景気は回復してきた。しかし、二〇〇八年の金融危機が世界に暗雲をもたらしたが、その後回復をとげつつある。

以上が、わが国の現代の経済の動向であるが、その過程のなかで、世界有数の裕福な国家になった。

わが国は、国内総生産（GDP）がアメリカ、中国に次いで世界三位であり、二〇一三年現在で四兆九二〇七億ドルにのぼる。また、一人あたりのGDPもOECD（経済協力開発機構）の中で第一九位である。このようにわが国は、国際的にみると非常に裕福な国なのである。したがって、自由主義の社会ということを前提として、自由裁量時間の増大と経済的ゆとりにより、私たちは多くの人生の選択肢を獲得したのである。

多くの選択肢のなかで、ライフデザインを描く際に、どのような方針で、どのような内容を組み込んでいくかということが、私たちの課題なのである。

4　ボランティアと生き甲斐

(1) 生き甲斐のある人生のポイント

今まで述べてきたように、私たちは、国際的にみて非常に経済的ゆとりがある国に生きており、しかも人生のなかで自由裁量時間が労働時間の三倍以上ある人生を送っているのである。

このような現状を考えると先に述べたように、仕事以外に、もう一つ生き甲斐を持たないと充実した豊かな人生は送れないことになる。つまり、自由裁量時間における生き甲斐を作っていくことが大切なのだ。

その生き甲斐の一つとしてボランティアがあげられる。なぜならば、ボランティアは、人間の本質的な活動の一つであり、それを実践する本人だけではなく、社会を進化させていく力があるからである。

(2) 豊かな人生とボランティア

私たちの人生の課題は如何に豊かに生きるかということである。実は、わが国はすでに豊かである。なぜならば、先に述べたように世界で第三位の国内総生産を誇り、少なくとも経済的・物的には世界で特別に裕福な国なのである。日本で生きていると世界で起きている紛争や戦争、あるいは開発途上国における貧困や飢餓の問題は人ごとであり、特殊なことのように思っている。しかし、実は私たちが特殊なのである。つまり、日本は、世界に二〇〇近くある国家のなかの三番目である。このこと自体が特殊なことであり、特別なことであり、世界のほぼ頂点の生活をしているということである。また、今現在でも世界の約五〇の地域で紛争が行われており、戦いをしないですむ国民は、世界的に見れば幸福な国である。しかも、わが国は戦後七〇年以上戦争が起きたり、参戦したりしたことがない世界でも希な国家である。さらに、貧困についても、確かにわが国のなかでも貧富の差があるが、世界には想像を絶する貧困のなかで生活している人々が多数いるのである。わが国と同じ程度の生活水準を維持している国は三〇カ国程度しかない。それ以外の国々、つまり一六〇カ国以上の国は、いわゆる開発途上国である。特に絶対貧困と呼ばれる国は、一日一ドル以下での生活を強いられている。それらの国々と比べれば、わが国は、非常に豊かな国であり、その意味において私たちの当たり前の生活は、世界では特殊に裕福な生活である。

それでも、私たちの豊かさには疑問が残る。つまり、人間の豊かさは、経済的なものだけではない。人間として豊かであるということは、経済的なことだけではなく、身体的・精神的・社会的に豊かであるということでもある。それでは、人間的に豊かということはどういうことであろうか。つまり、先にも述べたように人間は自分だけで生きているのではない。いや、一人では生きていけないのである。ということは、人間は、自分自身の問題だけでなく他者との関係も含めて生きているのであり、その両方で豊かな人生を実現することが真の意味での豊かな人生を生きているということになる。

したがって、「自分のため」と同時に「他者のため」に生きることが、人間として十分に生きることとなり、豊かな人生を送ることのポイントとなるのだ。

5　生涯学習を超えて

先にみてきたように、私たちのライフサイクルは、昔と比べて、また多くの開発途上国に比べて、自由裁量時間が圧倒的に多くなった。その多くの自由裁量時間を如何に有効に使うかということで、生涯学習という考え方が唱えられるようになって久しい。

生涯学習の理念は、一九六五年一二月、ユネスコの「第二回成人教育促進国際委員会」において、当時ユネスコの国際成人教育部長であったポール・ラングランによって委員会の検討資料として提出した「ワーキング・ペーパー」に基づくものである。

ラングランは、そのなかで生涯教育の目標を次のように述べている。

(1)人の誕生から死に至るまで人間の一生を通じて教育（学習）の機会を提供する。
(2)人間発達の総合的な統一性という視点から、さまざまな教育と調和させ、統合したものにする。
(3)労働日の調整、教育休暇、文化休暇の措置を促進する。
(4)小・中・高・大学とも地域社会学校の役割を果たすように勧奨する。
(5)従来の教育についての考え方を根本的に改め、教育本来の姿に戻すためこの理念の浸透に努める。

（日本生涯教育学会編『生涯学習事典』東京書籍、一九九二年、一八―二〇頁）

これ以降、ユネスコは、一貫して生涯学習に重点をおいてきた。そして、一九八五年、第四回ユネスコ国際成人教育会議において「学習権宣言」を採択したのである。この宣言では、人間の基本的権利として学習権を唱えており、「学習権とは、読み書きの権利であり、問い続け、深く考える権利であり、想像し、創造する権利であり、自分自身の世界を読みとり、歴史をつづる権利であり、あらゆる教育の手だてを得る権利であり、個人的・集団的力量を発達させる権利である」としている。そして、「人間の生存にとって不可欠な手段である」として、貧困の克服、健康な生活の実現、戦争の回避、農業や工業の発達等にとって不可欠であると述べている。

さらに、一九九六年、ユネスコ21世紀教育国際委員会が「秘められた宝」と題した報告書（ドロール報告書）を出している。この報告書では、生涯学習について、次のように定義している。

生涯を通じた学習は、『知ることを学ぶ』、『為すことを学ぶ』、『共に生きることを学ぶ』、『人間として生きることを学ぶ』という四本柱を基とする。

つまり、人間は、一般教養を基に、特定の課題を深く追求する機会を生涯を通じて得るべきであり（知ることを学ぶ）、職業上の技能や資格の取得だけではなく、他者と共に働く能力（為すべきことを学ぶ）、一つの目的のために共に働き、平和の精神に基づき、人間関係を構築し、相互依存を評価する態度（共に生きることを学ぶ）、人格の確立と自律心、判断力、責任感をもった生き方（人間として生きることを学ぶ）を唱えているのである。

このように、ユネスコでは全ての人々の学習要求を生涯にわたり、満たしていくという観点から生涯学習を提唱してきている。

この流れの中で、わが国でも生涯学習が相当定着してきている。たとえば、市民大学講座や老人大学、民間のアスレチッククラブや総合型地域スポーツクラブなど、組織的にも次第に生涯学習の場が充実してきている。そして、多くの市民が参加しているのは、周知の通りである。

ところで、私たちが生きていく活動を、「仕事」、「休息・遊び」、「生涯学習」の三つに分けると、それぞれ次のように考えることができる。

仕　事　　↓生活するため　＝自分、家族
休息・遊び↓楽しむため　＝自分、家族
生涯学習　↓充実するため＝自分

これら三つを実現させることによって、私たちは、充実した人生を送れることになる。

仕事＋休息・遊び＋生涯学習＝充実した人生

つまり、この図式でもわかるように、生涯学習は、自分の充実した人生のためのものである。ここに、さらに、他者のため、あるいは社会のためになることを加えていくことが、次のステップである。先に述べたように、人生を豊かにしていくためには、自分のことだけでなく、他のために何か活動をすることが求められる。

したがって、

ボランティア↓豊かになるため＝他人、社会、自分

という要素をプラスして、豊かな人生を実現させていくことが求められるのである。つまり、次のような図式になる。

仕事＋休息・遊び＋生涯学習＋ボランティア＝豊かな人生

以上、ライフデザインからみたボランティアについて考えてきたが、人間だけが、未来を予測して、プランを立てることができる唯一の動物である。将来は、「どうなるかわからない」、「今を大切に生きる」、ということも重要であるが、将来を「如何に生きるか」を考えて、それに向かって生きていくことも人間の最も優れた能力である。その未来予測が自分を超えた時空にまで及ぶとき、私たちは自分を超えた視野にたつ。つまり、社会や世界のあり方について、思いを寄せることになるのである。ボランティアは、個を超えて、生きることができるすばらしい活動なのである。

参考文献・資料

（1）前林清和他『ボランティア概論』トゥエンティワン、二〇〇五年。
（2）厚生労働省ホームページ。http://www.mhlw.go.jp/
（3）文部科学省ホームページ。http://www.mext.go.jp/
（4）松田義幸『現代余暇の社会学』誠文堂新光社、一九八二年。
（5）日本生涯教育学会編『生涯学習事典』東京書籍、一九九二年。

第5章　市　民　論

はじめに

カンボジアでは、川にかかった橋のたもとにあるプレートをみると“Donated by Royal Government of Cambodia”と標されている。日本人の私からすると奇異な感じがする。橋という社会インフラを国から寄付されているのである。つまり、「この橋は国からの寄付だから、国民は国に対してありがたいと思いなさい」ということである。まさにお上が下々のために与えてやったという構図である。カンボジアは一応民主主義の国であるが、実際納税制度も整っておらず、国民が税金を納めていないということも含めて、まだまだ民主主義とは言えない現状であり、市民という観念も自覚もないように思われる。

ただ、カンボジアのことばかり言っていられない。私たち日本人は、はたして市民意識が醸成していると言えるのであろうか。はなはだ怪しいと思われる。「市民とはなんだろう」と考える以前に、自分が市民であるという自覚自体が薄いように思われる。しかし、これからは、市民意識の高まりが、わが国の発展には欠かせない。その理由も含めて、本章では、市民と社会貢献について考えてみたい。

図５－１　カンボジアの橋のたもとに設置されているプレート

1　市民とは

市民という言葉には色々な意味合いがある。最も一般的な使い方としては「私は神戸市民です」という時の行政区分における市民である。県で考えれば県民、国で言えば国民というように、その違いにあまり思想的な違いはない。というより、その違いは払うべき税金と受けられる福祉の観点からの違いという程度であり、その言葉を厳格に使い分けるのは私たちの側ではなく、役人の側である。市役所では市民、県庁では県民とはっきり使い分けているという程度である。

それに対して、「市民活動」といった場合、特にわが国で市民活動と言えば、「市民」対「政府」、「市民」対「行政」という図式が突然現れてくる。つまり、国に対する抵抗勢力としての市民活動であり、市民とは政府の政策に対して反抗する者として立ち現れる。この構図は、戦後の民主主義の中で培われてきた。戦後、市民は、個人として自由を有するのであり、国家権力から自由な存在であるという意識が日本人に芽生えだしたのである。戦前の全体主義のなかで埋没していた個が目覚め、謳歌し始めたのである。その流れ、勢いは相当なもので、六〇年安保、七〇年安保を中心とする学生運動にまたたく間に広がった。現在は、過激な活動をする者はほとんどおらず、市民という意識を前面に出す人々があまりいないし、市民といっても「神戸市に住んでいるから、神戸市民である」という程度の市民意識しかもっていない人が多い。そして、市民としての権利は行政に対しての要望とか不満として主張するという具合である。そういう意味では、やはり「市民」対「行政」という構図がその背景にはある。

市民の発祥の地であるヨーロッパの市民意識についてみてみよう。ヨーロッパでは、古代ギリシャのポリスにおける市民意識にはじまる。この市民意識とは、市民という特権であり、それはポリスを守るという義務とその誇りであった。民主制もその特権をもった市民における民主主義だったのである。中世都市共同体においては、個人が主体的・合理的な態度をもち、権利と義務を自覚し、自治と連帯を志向し、その生活を脅かす者には抵抗し戦う姿勢をとることにつながっていった。ここでも市民は一部の商工業者たちの勝ち得た身分であった。さらに、それがヨーロッパの近代社会の精神的骨格として受け継がれ、一七世紀半ばのイギリス革命、一八世紀後半のフランス革命を経験しつつ、現代の市民意識が確立していると言える。つまり、ヨーロッパの市民意識は、市民としての身分を得られるという特権とそれに対する誇り、それを守るための義務が前提にある。

そして、近代以降、近代的自我の確立とともに、個人の意志や自由、権利を主張するようになり、市民の自覚として、あるいは市民の概念として成立した。このような流れの中、市民意識とは古くからある「公共」と近代以降に組み込まれた「私」が重層的に重なり合ったものなのである。したがって、現代においてもいざという時は、公共のために戦うということも辞さない精神性がある。自分たちが作ったコミュニティや国家は命をかけて守るという自覚があるのである。つまり、自分たちの国家における権利と義務が明確化されているのが市民とも言える。

ひるがえって私たちの社会をみてみよう。日本は、専制国家でもなければ軍国主義の国家でもない、民主主義の国家である。つまり、日本政府は私たちによって、私たちの投票で選ばれた議員によって構成されているのである。

したがって、政府対市民という対立関係はない。国対個人という対立は解決済みのはずである。政府を作っているのは、市民である。問題があるのならそれは運用の問題や選択の間違いの問題である。このことを自覚しなければならない。何か問題があったら、選挙で政府を変えれば良いし、システム上の問題なら、システムそのものを改良すればよいのである。あくまで市民による国であり、対立関係ではない。また、一人ひとりの市民が国を形成しているという意識は、公共性の原理にのっとっていなければ成立しない。個人の、私の利益だけを考えていたのでは、社会は成り立たない。

2　公共と社会貢献

「公共」とは個人の実現する価値とは違って、社会的に共通に実現していくべき価値である。しかし、最初から社会全体のため、国家のために個人を意図的に無視し、犠牲にするということではない。個人の利益と社会の利益を考えて、どちらが合理的に有益であるかを選択して、社会の利益が合理的に有益であると判断された時に公共が成り立つのである。

ところで、この公共意識は、アメリカでは大変発達している。なぜならば、約四〇〇年前にイギリスからボストンあたりに移り住み、それから西に、南に勢力を広げていき、広大な土地を幌馬車に乗って牛を連れて、もともと住んでいるインディアンを征服しながら彼らの土地を自分の土地にして、どんどん勢力範囲を広げていった。フロンティア精神はアメリカからできてきた開拓精神である。イギリスから自由を求めてきた人、ヨーロッパからやってきた人たちがどんどん開拓していき小さな政府ができたのである。日本では「お上」という言葉がある。お上とは、日本政府、県庁、小さいところで言えば市役所である。私たちは、政府や行政に何とかしてもらおうという感覚が強い。お上は怖いけれど逆に守ってくれる、色々なことをしてくれると思っているのである。それに対して、当時のアメリカは何もしてくれない。たとえば、ある場所にずっと住んでいれば町ができて市役所の人が色々なサービスをしてくれるが、どんどん西に向かって開拓していくわけである。私たち日本人は、金儲け以外のことは政府とか市役所が福祉や教育をやってくれる。しかし、当時のアメリカではやってくれる人がいなかったのである。したがって、自分のことだけ考えて、自分一人で何かをしようとしても限界がある。大したことはできない。したがって、たとえば福祉とか教育について、自分たちで、地域のみんなでやるしかない。それを行うために、早い段階からＮＰＯなどの組織ができたのである。「自分たちの命は自分たちで守る」、「自分たちの福祉は自分たちでしないといけない」「自分たちの子どもの教育は地域で面倒みなければいけない」というように「私」を超えて、「私たち」意識が高まり、それが公共性につながっていったのである。

この公共という意識は、日本では、「市民」と同じように、あまり意識もされておらず、「公共」というと政治とか行政、もっと身近に言えば市役所の職員が担当している仕事というようなイメージしか持たないであろう。わが国では公共性を維持するのは役所、「お上」という意識が昔からある。したがって、市民と言った場合、それは私的な利益を追求したり、役所に対して反対したりクレームをつけたりという側面が強調されすぎてきたように思われる。

また、公共を意識したら国や行政との対立関係として捉えるという、いわば未成熟な関係が生じてしまっている。公共の場において、公共の人として、つまり市民としての生き方を確立し、社会を自分たち市民が作っていくという自覚が必要である。

わが国では、ボランティア活動は根付かないとよく言われるが、その一つの理由が、「市民意識の薄さ」「公共性の欠如」にあると言われる。

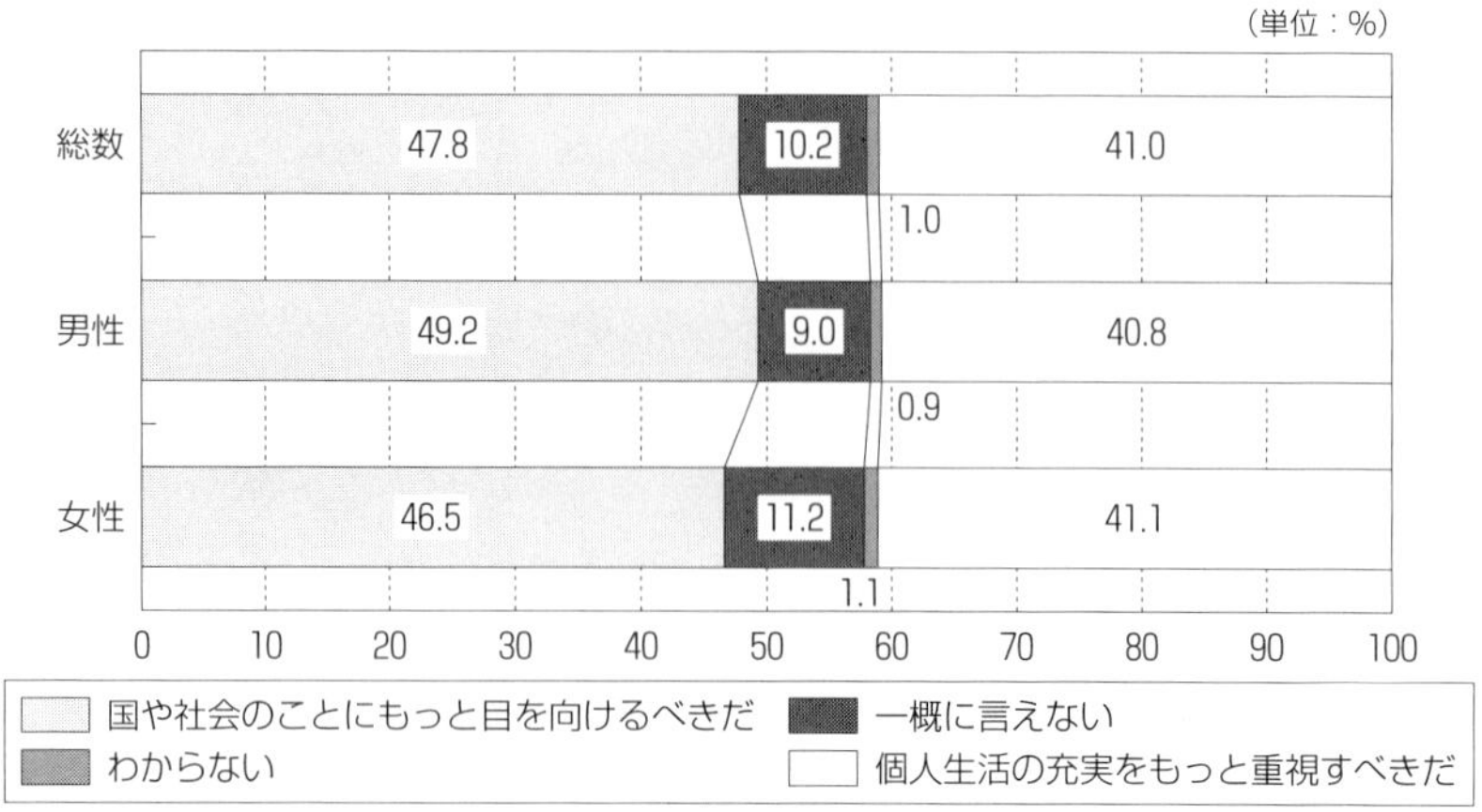

図5－2　社会志向か個人志向か？

（出所）　内閣府「社会意識に関する世論調査」2014年.

図5－2をみるとようやく国民の約半数が「社会志向」的となってきたが、市民としての意識、公共の意識は、まだまだ低いと言わざるを得ない。

市民の本来の意味は、公共性の形成に自律的・自発的に参加するということであり、自分自身のこと以外に自発的に関わり活動するということである。まさに、それこそが社会貢献活動である。これからは、成熟した市民社会を形成するためにも公共性を意識した社会貢献活動の普及、定着が求められる。

さらに、もう少し現実的なことを言えば、すでに行政サービスの限界が見え始めており、これからの社会は行政が公益事業の全てをカバーできなくなる。つまり、政府が小さくなると、行政により実現する公益事業は少なくなる。たとえば、老人介護も行政サービスだけではまかないきれなくなるのは歴然としている。これを補うのがまさにボランティアである。補うというより、より積極的に市民が社会貢献活動を通じて公共を自発的に形成していくことが、地域コミュニティの形成やそれに根ざした国際交流、協力活動の盛んな社会を作っていくことになる。なぜならば、行政では手が届かない、人と人のつながりや多様なネットワークの形成、顔が向き合ったきめ細やかなケアなどの積み重ねが、現在忘れ去られようとしている地域コミュニティの再構築と未だ遠い存在である国際交流・協力活動への架け橋となると考えられる。

二一世紀において市民社会を発展させていくためには、公共性に基づいた市民による社会貢献活動は不可欠な存在である。個人の確立と公共性の形成、つまり主体性と社会性を兼ね備えた市民による成熟した社会を実現させることが、私たちの手で住み心地の良い社会を後生に残すことになる。

3　地域コミュニティとソーシャルキャピタル

(1) わが国の地域コミュニティ

かつて、私たちが毎日生活している地域社会には、近所づきあいや地域の年中行事など、生活に密着した信頼関係や相互扶助による人間関係が成立していた。また、年齢に応じた集団生活の場があり、そこが地域の伝統や人間形成の教育の場となっていた。

わが国では、昔から「お陰さま」「お互いさま」「お世話さま」などの言葉に代表されるような輪廻の思想がある。これは、いわゆるギブアンドテイクというように、利害関係の上になりたっており、思想的には利己的にも思えるが、そうではない。ここで求める見返りは、なんの保障もなく、ただそう信じる、さらにその見返りは生まれ変わってからかえってくるというように、現世で実現しなくてもよい、という考え方であり、実際には人のための行動、つまり利他的行為とつながる思想である。

特に、江戸時代には互助組織が発達していた。たとえば、時代劇などによく登場する「町火消し」は、町人が自治的に設けた消防組織である。

また、地域や村には、講という貯蓄や金の融通のために民間で組織した相互扶助の団体があった。たとえば、頼母子講は、一定の期日に構成員が掛け金を出し、くじや入札で決めた当選者に一定の金額を給付し、全構成員に行き渡ったとき解散するというものである。また、伊勢講とは庶民のあこがれであった伊勢参りを実現させるためのシステムである。「講」の所属者はそれぞれお金を出し合い、それを合わせて旅行費に充当する。誰が伊勢に行くかは「くじ引き」で決める仕組みだが、「講」の全員がいつかは当たるよう配慮されていた。くじ引きの結果、選ばれた者は、「講」の代表として伊勢へ旅立つのである。

さらに、「義倉」という危機管理対応のシステムもあった。飢饉に備えて穀類を蓄えておく制度であり、それようの倉が設置されていた。

明治以降も、わが国の社会は、戦前までは地縁や血縁によって結びついた集落で構成されており、大家族で生活し、地域での近隣の付き合いも深く、何かがあれば家族内や近隣での助け合いが自然に行われていた。町内会や自治会、青年団、婦人会などは、地域に根ざした親睦、共通の利益の促進のための任意団体として機能してきた。また、江戸時代の「町火消し」も明治以降、消防団として地域の消防や災害の対応に当たってきた。

ところが、高度経済成長期を通して、地域社会生活はかつてのつながりを持てなくなった。豊かな生活と引き換えに地域社会における人間関係や伝統的な生活様式を失ったのである。具体的には、戦後の経済成長が、急激な人口変動と移動を引き起こし、都市に人口が集中し、地方に過疎をもたらしたのである。

都市では、人口が集中し、住環境の悪化や慢性的な交通渋滞のほか、単身者の増加や核家族化が進んだ。また、企業において転勤が一般化したため、住居者が流動的になり、地域の人間関係が希薄になり、地域コミュニティが形成しにくくなったのである。一方、地方では人口の急激な減少による過疎化と高齢化により地域コミュニティ自体が消滅する危機に直面している。

このような現状において、町内会や自治会や青年団が成立しない地域コミュニティが増え、また存在はしているもののあまり活動していない組織が多くなっている。さらに、地域コミュニティの重要な危機管理システムである消防団も、都市、地方とも人員の確保が難しくなっている。

前記のような現状に対して、近年、地域コミュニティを如何に再生させるかが、大きな社会的課題となっている。なぜならば、人間が安住できる場所とは、単に住む家があり、便利な生活が送れるというだけではない。身近に信頼できる人間関係があり、お互いがコミュニケーションをとり、時には助け合い、時には競い合い、時には一緒に遊び、時には学び合う場があることである。

(2) ソーシャルキャピタル

地域コミュニティの再生を目指して、近年、ソーシャルキャピタルという概念が注目を浴びている。アメリカの政治学者パットナムが、アメリカにおいてソーシャルキャピタルが減退していると指摘したことを契機に、世界的に広まった。

ソーシャルキャピタルとは、地域コミュニティを構成するメンバー間のネットワークやそのネットワークから生まれる規範、その背後にある信頼関係であり、それらが地域コミュニティの共通の目的に向けて効果的に協調行動へと導く社会組織の特徴である。「物的資本」や「人的資本」などと並ぶ概念であり、「社会関係資本」などと訳される。

つまり、社会の人間関係を社会資本と見なすのである。これは、物的資源や人的資源のように目には見えないが、人々の精神的な絆を強める資本であり、目には見えないが社会の有効性や効率性を高める重要な要素と考えられる。

地域コミュニティが主体的に連携して地域を活性化し、いわゆる地域力を発揮するためには、その地域の人たち

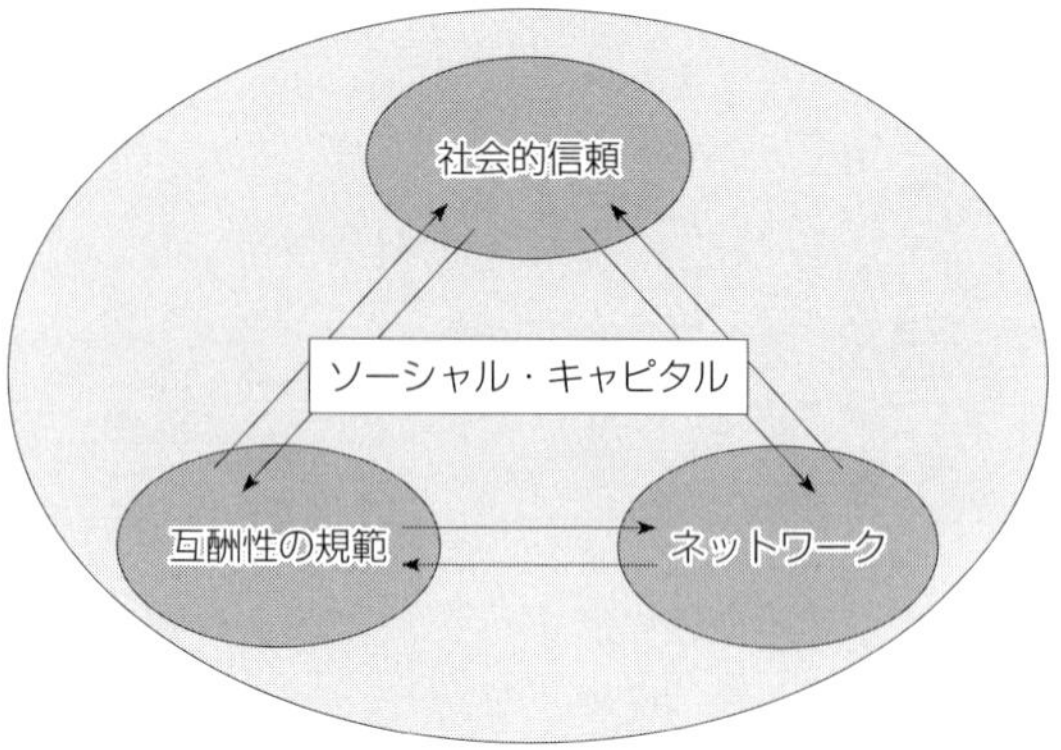

図５－３　ソーシャルキャピタルの概念イメージ

の間に相互の「社会的信頼」（信頼関係）と「ネットワーク」、「互酬性の規範」が必要である。なお、互酬性とは、いわゆる「お返し」であり、人から何かもらったり、してもらったりしたら、こちらも同じ価値でなくてよいから何かの形でお返しをするということである。これらを平たく言えば、昔からの近所づきあいを如何に機能的に広範にわたり機能させるかということである。

一方、コミュニティの課題を市民が主体となって連携して解決することで、その地域の人々の「社会的信頼」「ネットワーク」「互酬性の規範」が高まる、すなわちソーシャルキャピタルが高まっていくと考えられるのである。

内閣府の調査によると日本の都道府県別に見た場合、ボランティア活動が活発な地域は犯罪発生率が低く、ボランティア活動が活発でない地域は犯罪率が高いという傾向にあるという結果がでている。同じように、ボランティア活動が活発な地域は失業率が低いという結果である。また、ボランティア活動が活発な地域は出生率も高いという傾向がある。

このことは、ボランティア活動という市民の主体的な活動が、地域コミュニティの信頼関係を高め、ネットワークを構築し、お互いが助け合うという規範を形成するのに役だった可能性が高いと言える。また、逆に三つの要素がそろっていて、ソーシャルキャピタルが高い地域コミュニティはボランティアが盛んだという見方もできる。これはどちらが正しいということではなく、互いの相乗効果として捉えるべきものであろう。

ここでソーシャルキャピタルを第1章でみた「分かち合い」という観点から考えてみたい。ソーシャルキャピタルとは、まさに「分かち合い」原理にもとづく社会関係資本である。なぜならば、競争原理では、信頼関係も生まれにくいし、ネットワークも構築できない、互酬性の規範もあり得ないことだからである。勝った者と負けた者とが信頼関係を持つという可能性は低い。もちろんフェアな戦いでの勝敗に信頼関係が生まれる可能性はある。それは、スポーツのような非日常的行為においてはよくみられる。しかし、日常的行為において生活がかかっている場合は負けた相手を信頼する、あるいは勝った相手を信頼するということは現実には難しいであろう。

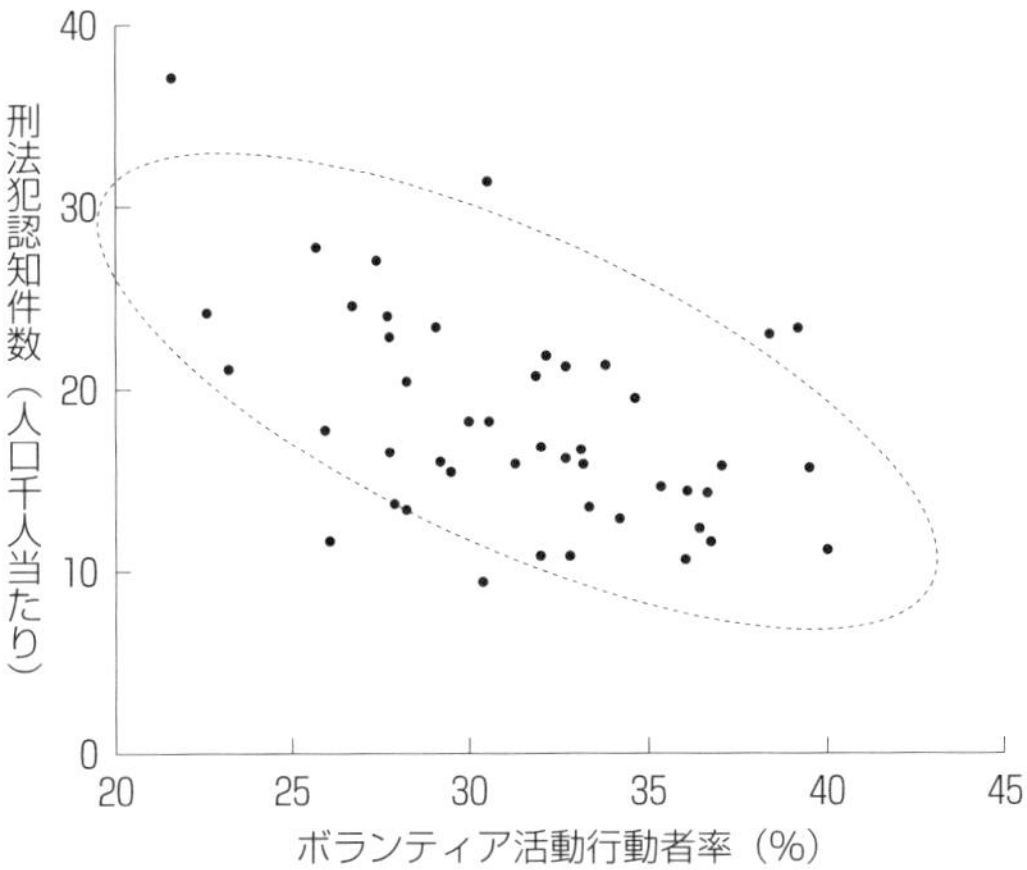

図5－4　ボランティア活動行動者率と犯罪発生率

（出所）　内閣府「ソーシャル・キャピタル：豊かな人間関係と市民活動の好循環を求めて」平成14年度内閣府委託調査.

次にネットワークは、基本的に横の関係である。競争原理に基づく勝敗は上下を作り出す原理である。ネットワークの構築と相対する概念である。さらに、互酬性の規範となると、競争原理において「今回勝ったから次回はあなたに勝ちを譲ろう」ということになれば、それは不正行為である。競争原理において「互酬性の規範」は成立しない。

このようにみてくると、地域コミュニティの再生、活性化は市民による「分かち合い」の原理にもとづくソーシャルキャピタルの構築、あるいは醸成ということになろう。ただ、ここで留意しなければならないことは、地域コミュニティ限定のソーシャルキャピタルの強化は、閉鎖的排他的なコミュニティを形成する可能性がある。このことは、昔の日本の閉鎖的な村意識につながるものである。それを避け、よりよい社会を形成するには、地域コミュニティ内のソーシャルキャピタルを高めるだけではなく、地域コミュニティを如何に開放的にするか、あるいは地域コミュニティ間のソーシャルキャピタルの形成を目指すか、ということになろう。

4　NPOとNGO

(1) NPOとNGOとは

これからの社会をよりよいものにしていくためには、市民意識の醸成と市民活動の活性化が不可欠である。それを具体的に実現していくための組織が、NPOであり、NGOであると考える。

NPOは、Non-Profit Organization の略語であり、「民間非営利団体」「民間公益組織」などと訳されている。非営利と同時に、非政府である(政府機構の一部ではない)こと、公益のために自主的、自発的な活動を行うことをも意味する。つまり、市民による公共のための活動組織である。

広義の意味としてのNPOは、財団法人・社団法人・医療法人(病院)・宗教法人・学校法人・町内会など、その範囲は広い。また、狭義の意味としてのNPOは、ボランティア組織というイメージが定着している。わかりやすく言えば、ボランティア活動などの社会貢献活動を行う、営利を目的としない団体の総称である。福祉や教育、文化、まちづくり、環境、国際協力など様々な分野で、社会の多様化したニーズに応える重要な役割を果たすことが期待されている。

NGOとは、Non-Governmental Organization の略であり、直訳すれば「非政府組織」ということになる。もともとは、国連と政府以外の民間団体との協力関係について定めた国連憲章第七一条の中で使われている用語である。

国連では、ＮＧＯのもつ専門的知識・能力に基づく情報や助言を得ること、経済社会理事会との協議上の地位をＮＧＯに与えることとしている。現在、開発の分野で活動する三〇〇〇以上のＮＧＯが、経済社会理事会との「協議資格」を有している。

わが国でも、ＮＧＯは、おもに国際協力に携わる「非営利」で「非政府組織」「民間団体」のことを意味する。活動内容は、開発、人権、環境、平和などが抱える問題に対しての支援活動であり、地球規模の問題に国境を越えて取り組んでいる非営利の市民主体の民間組織である。

欧米では一九五〇年代後半からＮＧＯによる開発途上国への国際協力活動が活発化した。わが国では、一九七〇年代末のベトナム軍のカンボジア介入、中越紛争などのインドシナ地域における情勢悪化にともない生じたインドシナからの大量の難民流出を受けて、難民を救おうとするＮＧＯが数多く設立された。現在、日本では国際協力に携わるＮＧＯは四〇〇〜五〇〇団体あると言われ、一〇〇カ国以上の国々で支援活動を実施している。

このようにみるとＮＰＯとＮＧＯは、どちらも非営利で非政府の組織であり、市民団体、ボランティア活動の推進団体、公益法人の一部などが該当する。

しかし、わが国では、ＮＰＯとＮＧＯは、一般的には、その言葉の成立過程が、ＮＧＯは国連との関係から、ＮＰＯは政府や企業との違いから作られてきたという経緯がある。その観点から、日本では、ＮＰＯを「地域社会で福祉など公共的な問題に取り組む団体」、ＮＧＯを「国際協力に携わる非営利民間団体」、と捉える場合が多い。あるいは、広く非営利活動に取り組む組織はＮＰＯであり、その中で主として国際協力を実施している組織をＮＧＯと呼ぶこともできる。

（2）NPO法人

NPO法人とは、特定非営利活動法人の通称である。特定非営利活動促進法に基づいて特定非営利活動を行うことを主たる目的とし、同法の定めるところにより設立された法人である。

ここでいう「非営利」とは、団体の構成員に収益を分配せず、主たる事業活動に充てることを意味する。収益を上げることを制限するものではない。

特定非営利活動促進法は、主務官庁の許可主義ではなく、所轄庁による認証という形態をとっており、ガバナンスを主務官庁の指導という形ではなく、市民への情報公開という形で保証している。つまり、自由な法人運営を尊重し、情報公開を通じての市民の選択や監視を前提としており、所轄庁である内閣府や都道府県の関与を最小限にとどめた制度なのである。このことで非営利・公益的な活動をする団体が、今までよりも簡単にしかも、自由に法人格を取得できるようになった。

ところで、特定非営利活動とは、一般に不特定かつ多数の者の利益（＝公益）の増進に資するものであり、次のような限定列挙されたものをいう。したがって、NPO法人は、宗教的・政治的活動を主たる目的として行うことはできない。

従来の公益法人に比べ、設立手続きが容易であるため、法人格を取得する団体が急増し、二〇一五年八月現在五万を超える団体が認証されている。

《NPO法人として認められている二〇分野の活動》

1．保健、医療又は福祉の増進を図る活動
2．社会教育の推進を図る活動

3. まちづくりの推進を図る活動
4. 観光の振興を図る活動
5. 農山漁村又は中山間地域の振興を図る活動
6. 学術、文化、芸術又はスポーツの振興を図る活動
7. 環境の保全を図る活動
8. 災害救援活動
9. 地域安全活動
10. 人権の擁護又は平和の推進を図る活動
11. 国際協力の活動
12. 男女共同参画社会の形成の促進を図る活動
13. 子どもの健全育成を図る活動
14. 情報化社会の発展を図る活動
15. 科学技術の振興を図る活動
16. 経済活動の活性化を図る活動
17. 職業能力の開発又は雇用機会の拡充を支援する活動
18. 消費者の保護を図る活動
19. 連絡、助言又は援助の活動
20. 都道府県又は指定都市の条例で定める活動

（3）わが国におけるNPO、NGO活動の課題

近年、わが国のNPO、NGOの活動は、相当活発になってきた。しかし、まだまだ海外のNPOやNGOに比べ、規模や資金力、専門性などで多くの課題がある。

わが国のNPO、NGO活動は、小規模な活動が非常に多い。その理由は、活動を行っているメンバーの市民意識は高いが、それは一部の市民に限られており、多くの市民はボランティア活動や国際協力活動に対する意識が薄い。特に国際協力については、よその国の出来事という感が強い。

これからのわが国のNPO、NGO活動を活発化させ、発展させていくためには、組織力の強化が求められる。つまり、現段階では、支援活動をライフワークとなし得る、安定したNPO、NGOが国内に育っていないのである。その大きな原因は、資金力がないということである。たとえば、活動を、本格的に実施しようとすれば、無償ということではできない。海外で支援活動を全うしようとすれば、その間の人生は全て支援活動に費やすことになる。生活していくためには、経済的基盤が必要なのである。したがって、当然のこととして、適切な給料を支給する必要がある。それに対して、わが国のNPO、NGO活動における給料はあまりに低すぎるのである。開発途上国の多くは、政情が不安定で、気候が過酷で治安も悪く、健康維持が困難な地域が多い。そのような場所での活動は、悲壮なボランティア精神では長続きしない。また、国内での活動にしても、中核をなすスタッフは、専任スタッフの必要がある。たとえば、NPOでも障害者自立支援のための組織である場合、活動は毎日継続的に行わなければならず、どうしても専属スタッフがいる。また、NGOのように開発途上国にスタッフを送り出している組織は、国内の事務局も継続的に安定した資金調達と現地との定期連絡、緊急連絡、危機管理が不可欠だからである。したがって、専任スタッフが生活をしていくだけの給料がなければ続けることは難しい。

欧米のNPOやNGOは、企業などから多額の資金援助を受けている。わが国の場合、企業の社会貢献に対する

理解の低さと、それをサポートする法律上の不備がある。これから改善されるべき課題は多い。

参考文献・資料

（1）佐伯啓思『「市民」とは誰か――戦後民主主義を問いなおす――』ＰＨＰ研究所、一九九七年。
（2）ＮＧＯ活動教育研究センター『国際協力の地平』昭和堂、二〇〇二年。
（3）日本国際ボランティアセンター『ＮＧＯの選択』めこん、二〇〇五年。
（4）内閣府「社会意識に関する世論調査」二〇一四年。
（5）内閣府「ソーシャル・キャピタル：豊かな人間関係と市民活動の好循環を求めて」平成一四年度内閣府委託調査。

第6章 教育論

はじめに

人間は、人間として生まれてくるのではない。ヒトとして生まれてくるのである。ここでいうカタカナのヒトは、イヌ、サル、ウマといった動物と同じである。動物としてのヒトである。イヌやネコ、サルは高等動物であり、ヒトも高等動物である。

それでは、ヒトはどのようにして人間になるのだろうか。ヒトは、環境・教育・文化などによって人間になるのだ。したがって、たとえば、私は日本で生まれて育ったのだが、もし、アメリカに生まれてアメリカ人に育てられたら、今の私とは違った人間になっていたであろう。容姿はあまり変わらないであろうが、人格も相当違うであろうし、使用する言語も違う、習慣も違う、知識も違う、様々なところが違うと考えられる。

このように、人間は教育によって、多くのことを学び身につけていく。

社会に貢献するということも、何も教えない場合と、その知識や意識、行動について教育をする場合では、相当な違いが生じる。それでは、どのような教育が社会貢献活動を推進することになるのか。ひるがえって、なぜ教育において社会貢献について学ぶ必要があるのかについて考え、いくつかの事例もみていきたい。

1　教育とは

私たちは、生まれた時から教育を受けながら育ってきた。小さな頃には、食べること、トイレに行くこと、手を洗うこと、「ハイ」と返事することなど、いわゆる基本的生活習慣から、学校に入れば算数や国語、あるいは体育などの様々な教育を受けてきたのであり、そのことによってそれぞれ現在の自分があると言える。哲学者カントが「人間は教育によって初めて人間となることができる。人間とは教育によって作りだされるところのものに他ならない」と述べたように、人間は教育を必要とするのであり、教育なしでは人間としての営みが全うできないのである。

野生児の実例をみれば、それが如実に理解できる。

「アヴェロンの野生児」と呼ばれる男の子は一七九九年フランスのアヴェロンの森で発見された推定年齢一一—一二歳の男の子で、言葉を話すことができず、動物的な行動や感覚を身につけていた。彼は、ヴィクトールと名づけられ、医師であるイタールによって六年間教育を受け、ある程度人間的特性を回復したが、言葉はほとんど話すことができず、知能や感情も粗野なままであったという。

この話がどこまで正確な記録に基づいているのか疑問は残るが、少なくとも、次の二つのことが実証された。

第一に、人間は教育を受けなければ人間としての発達ができないということである。人間は「生理的早産」で生まれてくると言われるように、特に乳幼児期の教育が重要なのである。ところで、この生理的早産という言葉は、スイスの動物学者ポルトマンの言葉である。つまり、高等動物（牛、馬、羊、ヤギ）などは生まれてすぐに立ち上がって歩く。しかし、人間は生まれてから一年近くたたないと歩くことができない。したがって、他の高等動物と比べると一年ぐらい早く生まれてきているということになる。つまり、馬や牛は生まれた時には、人間に比べて相当育った状態で生まれてくる。それに対して人間は、未完成で生まれてくるのである。これは逆にいうと可能性を秘めて生まれてくるということである。完成すると変えることができないが未完成の状態であるため完成の形は決まっていないのである。賢い犬といえども人間の二、三歳の知能以上には上がっていかないが、人間はどんどん変わっていく。人間は生理的早産で生まれてきて完成に向けて様々な環境や教育、文化によって自分自身を形成していける状態で生まれてくる。それが人間の特徴である。だからこそ人間だけが、これだけ発達してきたのだ。一万年前のサルもイヌも今と変わらないが、一万年前の人間と今の私たちとは全然違う。人間だけが、どんどん発展して他の動物とは比べものにならない能力を身に付けたのである。

第二に、たとえ野生児として育っても、教育によっては、年齢的な限界はあるにせよ、ある程度人間らしさを回復できるということ、つまり人間に対する教育の可能性が確認されたのである。

2 学校とは

学校の起源は、古くは、古代エジプトにまで遡る。ギリシャ、ローマ時代にはすでに盛んに学校教育が行われていた。しかし、スクールという言葉の語源がスコーレ（閑暇）であることが示すように、学校教育は貴族や裕福な市民を対象としたものであった。

一六―一七世紀頃には、都市において庶民に対する簡易な学校が多く生まれ、一九世紀末には、宗教的中立・無償・義務就学の原則に則った近代学校が成立した。二〇世紀に入ると階級による区別をなくし、民主的な学校制度を目指す統一学校運動が展開された。

わが国の学校の歴史は七世紀頃から始まる。中世には、当時唯一の学校として足利学校が創設され大いに隆盛した。江戸時代になると、幕府直属の昌平坂学問所や藩が設けた藩校によって武士の子どもたちに教育を施すようになり、庶民の間でも私塾や寺子屋が江戸を中心に各地で普及した。明治に入ると、一八七二年に「学制」が、一八七七年には「教育令」が公布され、わが国の近代教育、公教育の幕開けとなった。第二次世界大戦後は、新憲法のもと教育基本法、学校教育法が制定され、民主教育が行われるようになった。

西洋においては、一八世紀後半、日本においては一九世紀後半からの近代以降の教育は、学校を中心とした公教育が整備され、国民が広く教育をうけるようになったのである。

3　近代以降の公教育

近代以降の公教育、つまり学校教育の特徴は、進歩主義的啓蒙思想に則って行われてきた。つまり、社会は常に進歩し続けて、明日は今日よりよい世界になるということを前提とした歴史観に基づき、よりよき世界を実現させるためには理性による思考が必要であるという立場からの教育である。この理性による思考は普遍的、不変的であると捉えるため、その教育は学問的、科学的なものとなる。わが国の戦後教育においても、この進歩主義的啓蒙思想に基づいた教育が推進された。戦後、焼け野原から出発した日本は、国民の努力によって日々良くなっていくという希望のもと、その次世代の担い手こそが子どもであった。子どもには今の世の中にはない、より進歩した社会を作るための教育をうけさせなければならない。そのために学問的、科学的内容が中心の教育を推し進めてきたのである。それと同時に、子どもには教育を受ける権利があり、それを実現させるために学校があり、教師がいるのであると捉えられてきた。

しかし、わが国では右肩上がりの高度経済成長をすぎ、バブル崩壊を経験し、グローバル社会が到来すると、いわゆる進歩主義的な考えはリアリティをもたなくなってしまった。なぜならば、明日は今日よりよくなるという言葉がはかなく聞こえるほど、社会が後退、あるいは停滞するようになったからである。そうなると進歩主義的な啓蒙思想は色あせてしまったのである。

しかし、啓蒙思想にはもう一つの側面がある。それは、学校教育は子どもを大人にしていくということである。私たちにとって、子どもと大人は違う、という感覚はごくあたりまえであるが、実はこれが一般化したのはそんなに古いことではなく、近代社会が成立してからのことである。

それまでは、人の一生のなかに「子ども」という独自の価値をもった時期は認められていなかったし、飢えと貧困のなか、子どもは「小さい大人」として扱われ、身体的・体力的に少しでも働けるようになれば、すぐに大人と同じように労働を行うことが当たり前であった。

教育史上、子どもの発見者として有名なルソー（一七一二―七八）は、彼の主著である『エミール』で、「人は子どもというものを知らない。子どもについて、まちがった観念をもっているので、議論を進めれば進めるほど迷路にはいりこむ。このうえなく賢明な人々でさえ、大人が知らなければならないことに熱中して、子どもにはなにが学べるかを考えない。かれらは子どものうちに大人を求め、大人になるまえに子どもがどういうものであるかを考えない」と述べている。

ルソーは、子どもが持つ大人とは違う特性や能力を大人は理解していないと批判し、人の一生のなかで固有の意味をもった時期として子ども期を捉え、子どものための独自の教育の必要性を説いたのである。ルソーの「子どもの発見」は、一七世紀後半からの市民革命や宗教改革、教育制度の整備と結びつき、学校教育の発展の根本思想となった。

一八世紀の「子どもの発見」により、子どもの人権や権利、安全が唱えられるようになったが、現実的にそれが確保されたわけではない。産業革命の時代、庶民の子どもたちは、四―五歳の頃から過酷な労働を強いられていたし、戦争のたびに弱者である多くの子どもたちの尊い命が奪われてきた。

その後、一九世紀に入ると、公教育が一気に広まり、学校教育を中核とした近代教育が展開するが、子どもは大人の社会とは隔離された学校という子どものための世界で教育を受け、立派な大人になることを目指してきたのである。

現在も、その思想は受け継がれており、子どもの間は、子どもの成長に望ましい環境に身をおき、子どもとして受けるべき教育を受けることが必要であるという理念のもと、学校教育が施されている。

つまり、子どもが大人になるためには、学校教育こそが重要なのである。

それでは大人になるということはどういうことなのであろうか。それは、一言でいうと子どもに、公共性を教え、それを身に付けさせることである。そのことで子どもは大人となっていく。しかし、わが国の学校教育は、まだこのことに多くの教師が気づいていない。気づかないまま戦後教育が今日まで続いてきたのである。

4　個人主義と利己主義

今、述べたように学校教育の大きな意義の一つが公共性を子どもに身に付けさせることである。公共性とは、民主主義社会の市民が持つべき基本的な精神であり思想であり、生き方である。

わが国において、民主主義教育がはじまったのは、第二次世界大戦後である。

民主主義教育は、個人主義に基づくとされ、それまでの全体主義に対して個人主義の大切さが説かれた。ここでいう全体主義とは、天皇中心主義であり、私たち国民は国家のため、天皇陛下のために生きていく、つまり個人の意志ではなく国家の方針に基づいて日本全体の意志に基づいて生きていくというものである。それに対して個人主義は、個人の意志が全体の意志より優先するという思想である。個人の考えが尊重されるべきであるというのである。

当時、個人主義は日本にはほとんど知られておらず、これを学校のなかで教育していくことが急務と考えられた。しかし、結果から言えば、日本の学校教育において行われたのは、個人主義ではなく利己主義の教育であったのだ。

どういうことかと言えば、学校の教育では、「自分の利益を優先すること」ということを個人主義と捉えたのである。つまり、「自分のことだけを主張すればよい」、「自分だけが良ければよい」という教育が為されてきたのである。たとえば、試験で点数を取ればよい、模擬テストで高い偏差値を取ればよい、ということで周りのことなど考えないで、自分のことだけを考え努力し、人に勝っていく子どもが優秀な子どもとされてきた。しかも、それは一つの尺度、つまり知識や学問という尺度だけで競争が行われてきたのであり、教師も親も、子ども以上にそれを目指してきたのだ。しかも、討論の場では自己主張はしないで自分の勝手なことだけするという人間が育てられてきた。そして、たとえばクラス全体で何かをするということについては、自分の意見は言わず、決められたことにそれなりに従う、という具合である。なぜならば、自分の利益に直接関係のないことは、それなりに従っておくことが一番楽な方法だからである。

また、信号無視について考えてみよう。信号無視は誰でも悪いことはわかっている。個人主義が行き渡っているフランス人は自分の責任で安全を確認して赤信号を無視して横断歩道を渡るという。それに対して日本人は、みんなで渡れば怖くない、という言葉にあるように自分の意志というより全体で動くということ、つまり全体主義的な思想がそこにはある。つまり、わが国には、個人主義は根付いておらず、いまだ全体主義が日常生活に根付いているのである。

本当の個人主義とは、自分の意志や信念に基づいて行動するということであり、決して自分の利益のためだけに行動するということではない。たとえば、人通りの多いところで、人が倒れたとする。往々にして誰も助けようとしない、見て見ぬふりをして通り過ぎていく。あるいは遠巻きにみている。「助けようかな」と思っている人もいるが、周りをみて誰も助けに行かないから結果として何もしない、という人も多いであろう。人がやれば自分もやろうと皆が牽制し合っているのである。これでは個人主義が根付いているとは到底言えない。個人主義の立場から考えれば、誰も助けなくても自分が助けようと思えば、自分の意志で行動する。これが真の意味での個人主義である。

それでは、自分の意志とか個人の権利とはなんであろうか。個人の権利とは「自分のことだけを要求していればいい」を意味しているわけではない。民主主義は、全ての人の人権を尊重しているのである。したがって、自分の人権を尊重すると同時に、他者の人権尊重も求めるのである。民主主義は、「一人ひとりが、みんなのことを考える社会」をいかに作るかのやり方でもある。つまり、民主主義は、公共性に行き着くのである。

このように考えると日本の戦後教育は、民主主義でも個人主義でもなく、その意図とは違って利己主義と全体主義の教育を行ってきたと言えよう。

5　シティズンシップ教育

民主主義社会における教育の目的は、子どもたちにシティズンシップを身につけさせることである。つまり、社会を構成し、機能させていくのは、私たち市民であるという自覚を教えることである。シティズンシップが醸成されていないから、今見てきたようにわが国では、無意識的かもしれないが「自分がよければそれでよい」、「自分の権利だけを主張すればよい」、「人のことはどうでもよい」という意識を身につけるような教育を行ってきたのであり、その弊害は多くの人々が感じるように非常に大きいものとなっている。

シティズンシップとは、先に述べたように公共性の意識である。一歩外にでれば、私たちは私的存在ではなく公的な存在としてある、ということである。公的な存在として、つまり自分も含めた社会人として、社会がどうあるべきか、どのように変えていくべきかという立場で物事を考え、実行していく能力を身に付けなければならないのである。自分のやりたいように生き、自分のことだけを考えるのは家の中で行うことであり、学校や会社、街中では他人のことも考えて生きなければならないということである。そのための教育ができていないから、スーパーマーケットで子どもが走り回り、コンビニの前で若者が座り込むのである。公共性を身に付けるためには、それなりの教育が必要となるのだ。つまり、知識や学問を詰め込む教育だけでなく、公共性の知識と意識、さらにそれを実現させていくための技術を教え、身に付けさせていかなければならない。たとえば、なぜ公共性が必要なのかという公共哲学が前提となろう。また、それに基づいてWin-Winの関係を実現させていくためのプロジェクトの立て方、チームビルディングの方法などを教える必要がある。さらに、ワークショップやプロジェクト型の授業を通じて、リーダーシップやフォローシップの育成も必要であろうし、コミュニケーション能力や問題解決能力も養成していくことが望まれる。

シティズンシップの教育は、自分たちの手で社会や国家を営み、よりよく変革していくための知識と意識、行動を育むためのものである。

6　総合的な学習の時間

実は、わが国の教育でもようやく、シティズンシップのための教育を行える機会が設けられた。それは、学校教育において行われる総合的な学習の時間と言われるものである。総合的な学習の時間は、小学校三年生から高校三年生までの全ての学年に設けられており、小学校、中学校では平成一四年度から、高等学校では平成一六年度から導入された。

その目標は、「横断的・総合的な学習や探究的な学習を通して、自ら課題を見付け、自ら学び、自ら考え、主体的に判断し、よりよく問題を解決する資質や能力を育成するとともに、学び方やものの考え方を身に付け、問題の解決や探究活動に主体的、創造的、協同的に取り組む態度を育て、自己の生き方を考えることができるようにする」（学習指導要領）というものである。つまり、「生きる力」を育成するための授業である。

そして、地域や学校、子どもたちの実態に応じて、各々の学校が独自に創意工夫を生かして特色ある教育活動が行える時間である。その内容は、方法論に基づいた今までの科目とは違い、「国際理解」、「情報」、「環境」、「福祉・健康」など従来の教科をまたがるようなテーマに関する学習を行える時間である。これらの内容は、国際協力やボランティア、福祉、地球環境問題など社会貢献とつながる内容である。しかも、生徒が自らがテーマを見つけ、自ら考えて、解決していくというように、市民としての公共性を学ぶ教科ということができる。それが小学校三年生からはじまり、中学校、高等学校と一〇年間学ぶということの意義は大きい。この授業がうまく機能すれば、今までとは違った市民意識、特に公共性を身に付けた若者を育てることができると考えられる。

7　大学における社会貢献教育

今までの大学の役割は、教育と研究に限られていた。しかし、今や大学の社会貢献の必要性が問われるようになり、大学の使命の一つとして社会貢献が加わった。このような現状において、大学の社会貢献を教育や研究と切り離して考えるのではなく、この三つの役割を有機的につなげて機能させるシステムの構築が望まれる。その具体的な教育システムとして、いくつか例をあげてみたい。

①神戸学院大学「学際教育機構」防災・社会貢献ユニット

学際教育機構というのは、学部横断型のシステムであり、複数の学部の学生が一年生の時に選択でき、二年生から卒業まで、学ぶことができる専門コースである。このコースに入った学生は、卒業単位のうちの六〇単位以上をこのユニットで履修することになる。このユニットの特徴は、防災や国際協力、ボランティアなどの分野の専門的知識を学ぶだけではなく、他人のため、社会のためという公共性を説き、その知識をもとにそれを実現させて行く実践能力を身に付けさせるための教育的仕掛けが数多く設けられている点である。たとえば、「救命処置実習」では、全員が市民救命士インストラクターの資格を取るのだが、それにとどまらず、市民に対し、市民救命士講習を実施している。また、ゼミ単位で防災教育教材や開発教育教材を学生主体で開発し、小学校、中学校などに出向いて授業を行っている。なお、防災・社会貢献ユニットは、二〇一四年四月より新設された現代社会学部社会防災学科に発展的に順次移行され、より活発なアクティブラーニングに基づいた教育が行われている。

②東北福祉大学におけるボランティア教育

東北福祉大学では、ボランティア教育が盛んで、在学生約五三〇〇名のうち、なんと三〇〇〇名以上がボランティア活動を行っており、六〇以上のボランティア団体が活動しているのである。また、その活動の前提として、「ボランティア活動論」「ボランティア論」などの正課の授業が設けられている。

③ポーアイ四大学連携推進事業

これは、神戸のポートアイランドにある神戸学院大学、神戸女子大学、兵庫医療大学、神戸女子短期大学が連携して実施する事業である。四大学が教育、研究、社会貢献を有機的につなげて行う事業であり、特に社会貢献活動は、教員の研究、学生への教育が社会貢献活動として還元され、さらにその活動が四大学の研究、教育に還元されるという循環型のシステムが組まれている。しかも、一大学では難しい総合的な社会貢献活動を実現させている。

組織としては、ポーアイ四大学連携推進センターを中心に、ポーアイ安全・安心ステーションとポーアイ健康・生活支援ステーションからなる。ポーアイ安全・安心ステーションでは、教員や学生による市民のための防災教育や防災啓蒙活動が行われ、全国初の大学を中心とした消防団も結成され、地域住民とともに活動している。ポーアイ健康・生活支援ステーションでは、教員や学生による健康相談や親子保育プログラム「くじらくらぶ」、高齢者を介護する人のための支援講座などが行われている。また、センターでは、学生を中心とした社会貢献のためのプロジェクトを募集し、学生主体で新たなプログラムや教材の開発を行っている。

このような活動を通じて、学生の市民意識を向上させ、社会貢献活動においてリーダーシップやコーディネーション能力を身に付けていくことを目指しているのである。

8　ボランティアとボランティア教育

社会貢献のなかで、その中核をなすのがボランティアである。最近、文部科学省でもボランティアの重要性を説くようになった。しかし、教育現場でよく問題になるのが、ボランティアを学校教育で強制してよいのか、ボランティア活動を授業の一環として行い単位を与えてよいのかということである。

なぜ、そのような意見が出るのかというと、ボランティアの章でも述べたように、ボランティアの特性として、「自発性」と「無償性」があげられているからである。ボランティアの根本と言われる自発性からするとボランティアを学校教育の一環で全ての子どもたちに行わせる時点で、ボランティアではなくなる、というのである。また、大学などでボランティアをすることで単位が与えられるということで、ボランティアの自発性からも無償性からもはずれているのではないか、ということが言われる。ボランティアは見返りを求めて行うものでないという立場である。しかし、これらの意見はどうもポイントがずれているように思われる。つまり、「ボランティア」と「ボランティア教育」とを混同しているのである。しかも、賛成する者も反対する者も共に、このあたりのことを理解しないままで議論している。

学校教育の現場で行うボランティア活動は、あくまで「ボランティア」ではなく「ボランティア教育」の一環としての活動なのである。つまり、「ボランティア教育」とは、ボランティアをしようと思った時に、それが実行できるようにボランティアの理念や方法、技術、活動を身に付けさせるための教育なのである。ボランティア活動は、暖かく住みやすい社会を作っていくうえで必要不可欠な活動であるが、一つ間違えば大きな問題を引き起こすことがある。なぜならば、ボランティアはそれを行う者だけではなく、多くの場合、ボランティアを受ける側の人がいるからである。間違った活動をすると、相手がいるため、自分の失敗だけにとどまらず、相手に迷惑をかけたり、心を傷つけたりなど相手に対しても負の結果を与えるからである。また、熱心なあまり、その活動が過激になり、社会性を逸脱したり、時には犯罪を犯したりすることになるからである。

もう少し詳しく述べよう。

①ボランティアの理念の教育

ボランティアは、困っている人のために何かをしてやる、という考えの人が多い。また、ボランティア活動を偽善的だと否定する人もいる。

これらの考え方は、ボランティアの理念を知らない、あるいは誤解している場合が多い。先にも述べたようにボランティアは、人のため社会のために行うのであるが、その自発性そのものが自分のためなのである。なぜならば、ボランティアをしようと思ったのは他の誰でもなく私自身なのである。そして、それがうまくいった時、「よかった」と思うのも自分自身である。自分でやろうと思ってうまくいった時に「よかった」と思う、まさに自分のための行為である。このことをボランティア教育では、最初に教える必要がある。

②方　法

ボランティアを行うにあたり、目的を達成するためにどのような方法があるか、どのようにすれば良いか、という知識が必要である。

また、被支援者と共同して活動内容を決めていくという際に、話し合いの仕方、人の話を聞く方法、組織の作り方などを学んでいく。本格的なボランティアは、ほとんどの場合、組織で行う。したがって、組織をマネジメントしていく能力を教育することが望まれるのである。

③技　術

ボランティアは、「できることからはじめよう」ということであるが、自分のやりたいこと、やらなければならないこと、を実行するためには、それなりの技術が必要である。たとえば、障害者ボランティアをしようと思っても、車椅子の押し方を知らないで実施すると相手に怪我をさせてしまったり、恐怖心を与えたりしてしまうことがある。ボランティアは活動に応じて最低限必要な技術を身に付けることが必要なのである。

④活　動

ボランティアは理屈ではない。実際に行動することが最も重要なことである。人間は、知識を得たり、考えたりするが、なかなか行動に移せないものである。実際にボランティアを行うという経験を教育の場で設けることは非常に重要である。ボランティアを行うことで、自分自身の存在価値を見出したり、利害関係以外の人間関係づくりができたりというように活動のなかから人間形成がなされていく。ボランティア教育のなかで実習の場を生徒や学生に提供、あるいは活動の機会を与えるためには、学校だけで実施するのではなく、自治体や地域コミュニティ、NPOなどとコラボレートしていくことが望まれる。そして、そのことが、ボランティア教育の成果を上げるポイントである。

参考文献・資料

(1) J・M・G・イタール（中野善達・松田清訳）『新訳アヴェロンの野生児――ヴィクトールの発達と教育――』福村出版、一九九四年。
(2) 小玉重夫『シティズンシップの教育思想』白澤社、二〇〇八年。
(3) 谷田貝公昭・前林清和ほか『チルドレンワールド』一藝社、一九九七年。
(4) 小澤周三ほか『教育思想史』有斐閣、一九九五年。

第7章　企　業　論

はじめに

　企業というのは、本来、私的な利益を追求するために組織されたものである。わが国では一九七〇年代から、企業が、メセナやフィランソロピーと呼ばれる社会貢献活動をしていたが、一九九〇年頃から、より積極的・組織的に行われ、注目されるようになってきた。もちろん、それまでも大企業の経営者には篤志家がいて、私財を投じて社会の窮状を救うために、あるいは社会の発展を願って活動し、後世に名を残した人もいた。ただ、それはあくまで個人的な活動であった。企業が組織として社会貢献を行い、それを企業の内外にアピールするようになったのは、一九九〇年以降のことである。最近では、その内容が、企業のホームページで紹介されており、多くの企業が積極的に社会貢献活動に取り組んでいる。

　本章では、企業がなぜ「社会貢献」に取り組むようになったのかということを明らかにし、現在企業が行っている社会貢献活動にはどのようなものがあるか見ていく。最後に、企業の社会貢献活動のこれからのあり方について考えてみたい。

1 CSR

(1) CSRとは

CSRとはCorporate Social Responsibilityの略であり、「企業の社会的責任」と訳されることが多い。CSRは、近年急速に関心を集めているが、その考え方は、「企業もまた社会を構成する一部として存在する以上、その社会に対して果たすべき責任を負っている」というものである。

具体的な中味としては、コーポレートガバナンス(企業統治)、コンプライアンス(法令遵守)、ディスクロージャー(情報開示)、環境問題への取り組み、社会貢献などが一般に企業が社会に対して果たすべき「責任」と捉えられている。

そもそもCSRが注目をあびるようになってきたのは、最近である。

その背景には、EUの動きがある。どういうことかと言えば、EUは「持続可能な開発」への企業の貢献を欧州戦略として打ち出している。

こうした考えを見れば明らかなように、EUにおけるCSRとは「持続可能な開発」という目的を達成するための手段である。EUがCRSに注目するようになった理由は、これからの世界の危機を予感させる地球環境問題とグローバリゼーションによる社会秩序の不安定化である。具体的には、まず、地球温暖化では、温室ガスの排出による地球温暖化やそれに付随して起こる異常気象、干ばつ、大洪水などの災害が危惧されている。次に、グローバリゼーションでは、地球規模に拡大した経済や貿易システムは、地域の労働権や国家主権、あるいは開発途上国、伝統文化などに悪影響を及ぼすという負の側面により、社会を地球規模で不安定にすると考えられている。

そして、この地球環境問題とグローバリゼーションのいずれにも、企業は大きく関わっているのだ。なぜならば、企業が国境を超えて巨大化したため、企業は単に自社の営利の問題を超えて、世界のあり方に対して大きな影響力、時には権力を持つようになったのである。しかも、場合によっては国家のコントロールも効かなくなっているという現実がある。つまり、私たちがより安全で安定した世界を築くためには、企業のあり方が、今まで以上に重要になってきているのである。そして、それが前提にあってこそ、持続的な発展もあるのだ。

したがって、企業は、自社の営利だけを追求するのではなく、社会が持続的に発展していくために、どのような貢献をするか、ということを自ら考え、実行していかなければならないのである。まさに、これがCRSであり、持続可能な社会の実現を企業が担うことで、社会の信頼を得、企業の持続的な発展もかなうのである。

(2) ステークホルダー

CSRは、企業の一方的な論理だけで進めるべきものではない。ステークホルダー（利害関係者）の視点を生かして、実施していかなければならない。

今まで企業においては、ステークホルダーと言えば、株主や投資家という意識が強かったが、これからは株主や投資家のみならず、顧客、従業員、政府、地域住民、社会など、企業が存続するために支持を得ることが必要となる人々や組織全てを対象としなければならない。

したがって、それら全てから信頼を得なければ、CSRを果たしたことにはならず、企業の存続も危うくなるのである。

図7－1　CSRのピラミッド

（出所）　Carroll, A. B., "The Pyramid of Corporate Social Responsibility : Toward the Moral Management of Organizational Stakeholders," *Business Horizons*, 34 (4), 1991.

（3）CSRの構造

ここでは、CSRの構造についてキャロルの「CSRのピラミッド」をもとに述べておこう。

CSRには、「企業の存在意義に関わる経済的責任」、「企業を経営する上で守らなければならない法的責任」、「企業行為の社会的妥当性に関わる倫理的責任」、「よき企業市民として自発的に応える社会貢献的責任」がある。

これらは、階層構造をなしており、下層の基本的な責任を果たさなければ、次の責任の遂行はできないとされるが、この四つの責任の中に含まれる内容は、絶えず変化している。近年は、市民意識が発達し、企業の責任遂行の状態が、市民によって絶えず注視されている。

したがって、今まで社会貢献的責任とされたものが倫理的責任へ、これまで倫理的責任とされたものが法的責任へと移行するというように、より基本的な責任へ近づいている傾向にある。

（4）CSRの内容

ここでは、CSRの主な内容についてみてみることにする。

①コーポレートガバナンス

「経済的責任」、「法的責任」の中で、まず重要なことは、コーポレートガバナンス（企業統治）をしっかり行うことである。このことは、「倫理的責任」も「社会貢献的責任」も含めたCSR全体にも関わっている。

コーポレートガバナンスとは、企業を最適に制御するための、企業の内部統制や不正行為を防止するシステムであり、企業経営を規律するための仕組みである。

不祥事が多発するなかで、「会社は誰のものか」という問いかけがなされるようになり、関心が持たれるようになった概念である。会社の株主を中心としたステークホルダーの期待に応えるためのモニタリングシステムがコーポレートガバナンスである。つまり、ビジネスリスクを誰が、いかに負担し、利益をいかに配分するか、ということを監視、決定する仕組みのことである。具体的には、経営者の独走・暴走や組織ぐるみの違法行為をチェックでき、阻止できることであり、また企業理念を実現するために、全役員・従業員の業務活動が方向づけられていることである。

つまり、CSRを遂行し、企業価値を向上させるには、業務執行における迅速で的確な意志決定が必要である。ステークホルダーに対しては透明性の高い公正で効率的な経営を実現することが重要である。

②コンプライアンス

次に、コンプライアンス（法令遵守）である。コンプライアンスとは、一般的には、「社会秩序を乱す行動や社会から非難される行動をしないこと」であるが、主に企業における「法令遵守」という意味で使われている。したがって、「法的責任」の中核をなすものであるが、最近では、法令とは別に社会的規範や企業倫理（モラル）を守ることも「コンプライアンス」に含まれるという論もあり、「倫理的責任」も含む概念になりつつある。

わが国で、企業のコンプライアンスが問題になるようになったのは、その違反が頻発しているからである。たとえば、原材料・産地の意図的な偽装は数限りなく指摘されているし、牛肉偽装事件や保険業界の保険金不払い事件、リコール隠し、違法な日雇い派遣など、様々なコンプライアンス違反が起きている。コンプライアンス違反をしたために、信用失墜や売り上げの低下により倒産を余儀なくされる企業も出てきている。

③ディスクロージャー

さらに、全ての階層の責任を通じて、大切なものにディスクロージャー（情報開示）がある。ディスクロージャーとは、企業が、その現状や経営内容、財務内容、活動成果などの情報をステークホルダーに公開することである。公開する理由は、その情報によってステークホルダーに安心を与えたり、ステークホルダーが意志決定を行うことを可能にしたり、ステークホルダーを保護したりすることが目的である。

近年は、多くの企業で、ディスクロージャー誌を発行している。これは、「経営内容等を開示した冊子」であり、財産や収支の状況といった財務内容にとどまらず、経営方針や組織、商品・サービスの内容など、企業活動全般を判断するために必要なあらゆる情報が掲載されている。

④環境問題

環境問題については、企業活動における環境に対する配慮と環境問題に対する積極的な取り組みがある。前者は、わが国は公害問題などへの対策が進んでおり「法的責任」を果たしていることが前提となるので、主に「倫理的責任」と捉えることができる。ただし、そのことが制度化されていくと「法的責任」へ移行していくことになる。後者は主に「社会貢献的責任」にあたるが将来「倫理的責任」の割合が高くなっていくであろう。

まず、環境に関する配慮としては、企業から排出する温暖化ガスの削減やリデュース・リユース・リサイクルの実践、省エネ対策、あるいはエネルギー効率の改善、などがあげられる。

次に、環境問題への積極的な取り組みとしては、エコ製品の開発や地域での環境教育、環境保全活動、生物多様性への取り組み、環境問題に取り組む民間団体への支援などがあげられる。

⑤社会貢献

企業における社会貢献は、まさに「社会貢献的責任」にあたるのだが、最近は「倫理的責任」として考えられる場合もある。アメリカでは、「社会貢献」は、一流企業のあるべき姿として捉えられている。

経団連は、企業の社会貢献活動を「社会貢献とは、自発的に社会の課題に取り組み、直接の対価を求めることなく、資源や専門能力を投入し、その解決に貢献すること」と規定して、積極的に取り組んでいる。

企業における社会貢献活動は、ＣＳＲのなかでも社会全体、一般市民に見えやすく、企業の信頼を築くために大きな役割を果たすと考えられる。

一般的に企業の社会貢献活動については、フィランソロピーとかメセナという言葉がよく使われる。

フィランソロピー（Philanthropy）であるが、この言葉は、ギリシャ語の「愛する」という意味のフィロス（Philos）と「人類」という意味のアンソロポス（Anthropos）が語源である。したがって、その意味は、「博愛、人類愛」という意味であるが、現在はもう少し広い意味で、ボランティアなどの「社会貢献」全般、あるいは企業の社会貢献活動を表すのに使われている。

また、メセナという言葉は、フランスで浸透している「社会貢献」を表す言葉であるが、日本では企業による文化・芸術に関する活動を指すものとして使われている。メセナは、わが国の企業が以前から活発に活動してきた分野でもある。

2　企業の社会貢献活動

わが国におけるＣＳＲに対する取り組みは、ヨーロッパやアメリカに比べても早く、一九七〇年代から企業の社会的責任という言葉が使用されていた。しかし、先に述べたＣＳＲの内容とは違い、寄付やフィランソロピー、メセナなどのいわゆる社会貢献が中心であった。したがって、わが国の企業におけるＣＳＲの内容のなかで、社会貢献は大きな位置を占めている。

まず、企業の社会貢献活動をその方法から見てみよう。

（1）事業を通じての社会貢献

各々企業の本来の事業を進めるなかで、社会貢献をする方法である。そのためにある程度の経済活動効率を後退させても、社会貢献活動を優先する点が特徴である。たとえば、産官学で共同研究を行ったり、地元で従業員を雇用したり、エコの製品を開発するといった形で社会貢献を行う方法である。企業にとって多少コスト増となっても、その活動が社会貢献と認められ、持続可能な企業のきっかけになると言えよう。

（2）寄付金による社会貢献

企業の社会貢献活動の中で、最も多いのが寄付金である。経団連の調査によると、二〇一三年度の企業三六〇社の社会貢献活動に支出した金額一七三五億円のうち、寄付金額は一二四三億円を占め、全体の七一・六パーセントにも上る。以前に比べるとＮＰＯ法人などボランティア団体への寄付金も増えてきている。

寄付金のなかで、最近注目されつつあるのが、マッチング・ギフトである。これは、アメリカで盛んに行われている、企業に働く従業員と企業側が同時に寄付をするという制度である。これは、従業員個人が支出したボランティア団体への寄付費用に、企業が金額を上乗せ（同額あるいは一定の金額）して支出する制度で、従業員の支出が増えれば、企業の支出も増えるというシステムである。

（3）自主プログラム

各企業が、独自にあるいはＮＰＯやＮＧＯ、他社と共同で行う社会貢献プログラムである。企業の職種や強みを生かしたボランティアなどの自主プログラムを開発し、社員にボランティアとして参加してもらい実施する場合が多い。

（4）施設による社会貢献

これは、企業が所有する施設を無料開放するという方法である。企業は、グラウンド、体育館などのスポーツ施設やホールや美術館などの文化施設を所有しているところが多い。その施設を市民や子どもたちに開放することで、文化・芸術・スポーツの振興に貢献している。

また、工場や農場などで、一般を対象に見学会や学習会などを開催している企業もある。

（5）人による社会貢献

まず、企業の従業員に対し「業務」として社会貢献を行わせる方法である。会社の周りの清掃活動を毎朝行うとか、社外講師の派遣、ＮＰＯへの出向などが挙げられる。

次に、従業員がボランティア活動等に参加することを企業が支援する方法がある。これには、次のようなものがある。

①ボランティア休暇制度

これは短期の活動や定例イベントへの参加に向いている。制度化している企業は少ないが、年間五日程度が多い。一九九七年から人事院は、国家公務員に対して、年間五日間の災害時の被災者救助活動と障害者・高齢者の援助活動に限定したボランティア休暇制度を設けている。

②ボランティア休職制度

ＪＩＣＡの青年海外協力隊、シニアボランティアへの参加など長期・継続性を必要とするボランティアが可能になり、公務員、社員資格を保持したまま可能にする。公務員の場合、「自己啓発等休業制度」があるが、民間企業でも青年海外協力隊への参加を認めるところが増えている。

③従業員社会活動援助金制度

社員や社員の家族が参加しているボランティア団体等に備品、機材の購入のための援助金を贈る制度である。

④ボランティア担当部署やボランティアセンターの設置

ボランティア活動の意欲はあっても、情報が不足している社員に対して、情報の提供や相談サービスを行ったり、ボランティア参加のためのコーディネートを行ったりしている。

⑤ボランティア体験支援制度

社員にボランティアの「きっかけ作り」を支援する制度である。様々な体験プログラムを用意し参加を募る形で実施されている。

次に、企業の社会貢献活動を分野ごとに見てみよう。

経団連が、二〇一三年度に実施した「社会貢献活動実績調査」では、企業の社会貢献活動を、その分野から表7-1の一五種類に分けている。

その分野ごとの支出額の推移は、図7-2のようになっている。「文化・芸術」と「学術・研究」は以前から上位を占めているが、「教育・社会教育」の伸びが著しく、また「環境」についても近年増加傾向にある。

（6）これからの企業の社会貢献の課題

経団連は、社会貢献の在り方として、現代の社会の課題に即して、新たなテーマや活動領域を発掘していかなければならないとし、次のような課題をあげている。

①次世代育成

子どもをめぐる問題は、日本社会の将来に大きな影響を与える。次世代育成のためにどのような貢献ができるのか、行政、教育現場、ＮＰＯと企業が連携し、多様で多層的な教育活動を展開するシステムづくりが求められている。

②ソーシャル・インクルージョン（社会的包括）社会の実現

少子高齢化が進展する中で、高齢者、障害者、ホームレス、難民などの人々を孤独や排除から救い、社会の構成員として包み込むことをめざす「ソーシャル・インクルージョン（社会的包括）」が注目されている。会社や従業員の人権感覚を磨きつつ、異なる存在、多様な文化が共生することの意味、あるいはそれによってもたらされる新しい価値や活力を支援していくということがテーマとなる。

③ヒューマン・セキュリティ（人間の安全保障）への取り組み強化

人類の生存そのものに影響を及ぼしかねない社会的な課題が顕著になっている。「ヒューマン・セキュリ

表7－1　企業の社会貢献活動

1．教育・社会教育
2．学術・研究
3．健康・医学，スポーツ
4．文化・芸術
5．災害被災地支援
6．地域社会の活動，史跡・伝統文化保全
7．環　　境
8．社会福祉，ソーシャル・インクルージョン
9．国 際 交 流
10．政 治 寄 付
11．NPO の基盤形成
12．雇用創出及び技能開発，就労支援
13．防災まちづくり，防犯
14．人権，ヒューマン・セキュリティ
15．そ　の　他

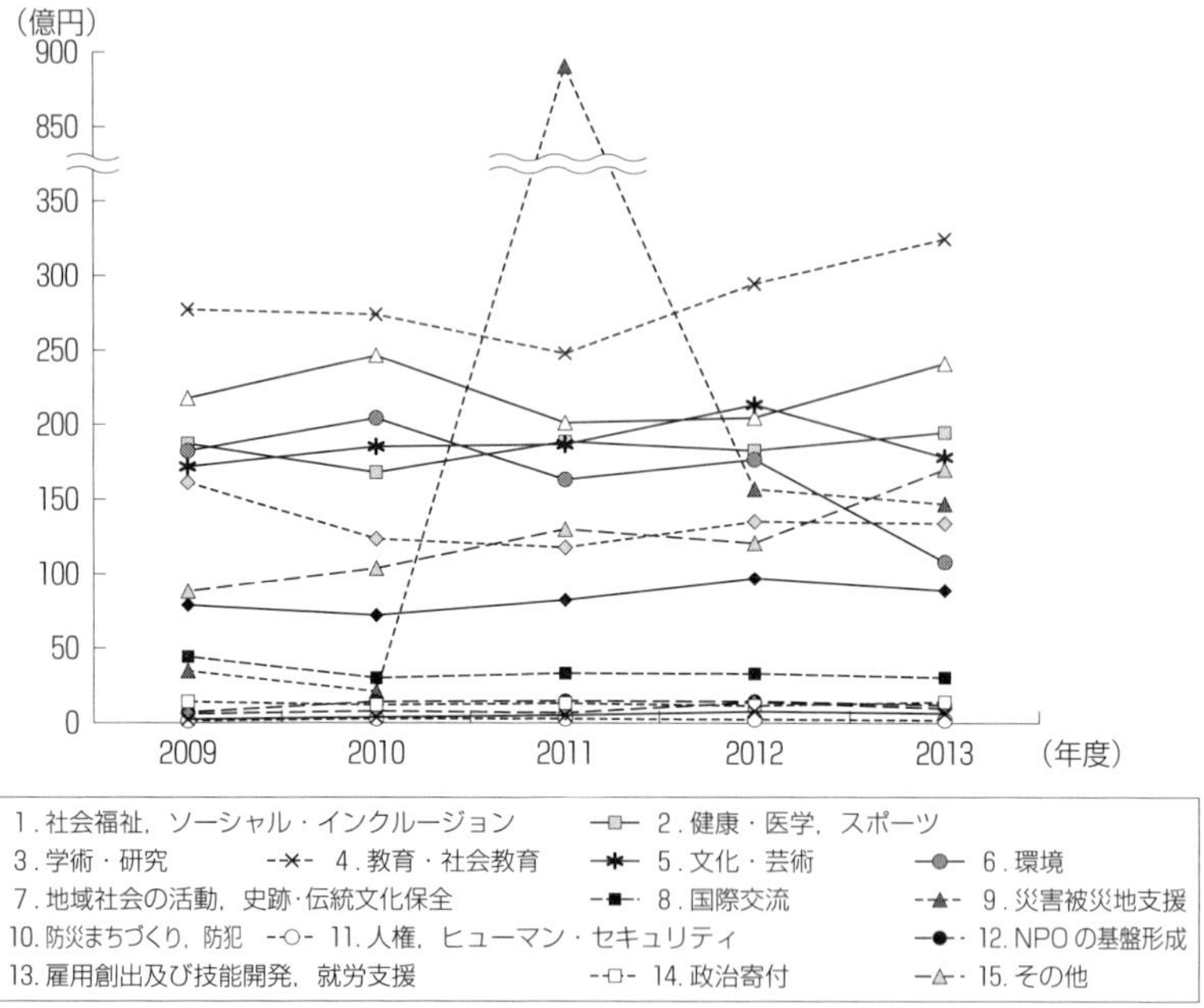

図7－2　分野別の支出額（推計）

（出所）（社）日本経済団体連合会「2013年度 社会貢献活動実績調査結果」2014年.

ティ」は、人権、生命、環境など人間の安全に関わる取り組みが、経済の持続的な発展にも不可欠になっている。新たなプログラム開発やNGOや国連機関等との連携などが必要となる。

④社会起業家精神の醸成

社内外の起業家の育成、支援、連携をどのように進めていくか、ということが課題となってくる。

⑤市民セクターの基盤強化

企業の社会貢献活動の重要なパートナーとなっているNPO／NGOなどの市民セクターは、社会の変革の担い手としての期待が高い。しかし、その運営基盤は、まだまだ脆弱であり、さらなる基盤強化や人材育成が必要である。

企業の社会的責任としての社会貢献についてみてきたが、企業と私たち市民は、実は峻別されるものでもすべきものでもない。なぜならば、企業を経営する者も、社員も全てが市民の一員

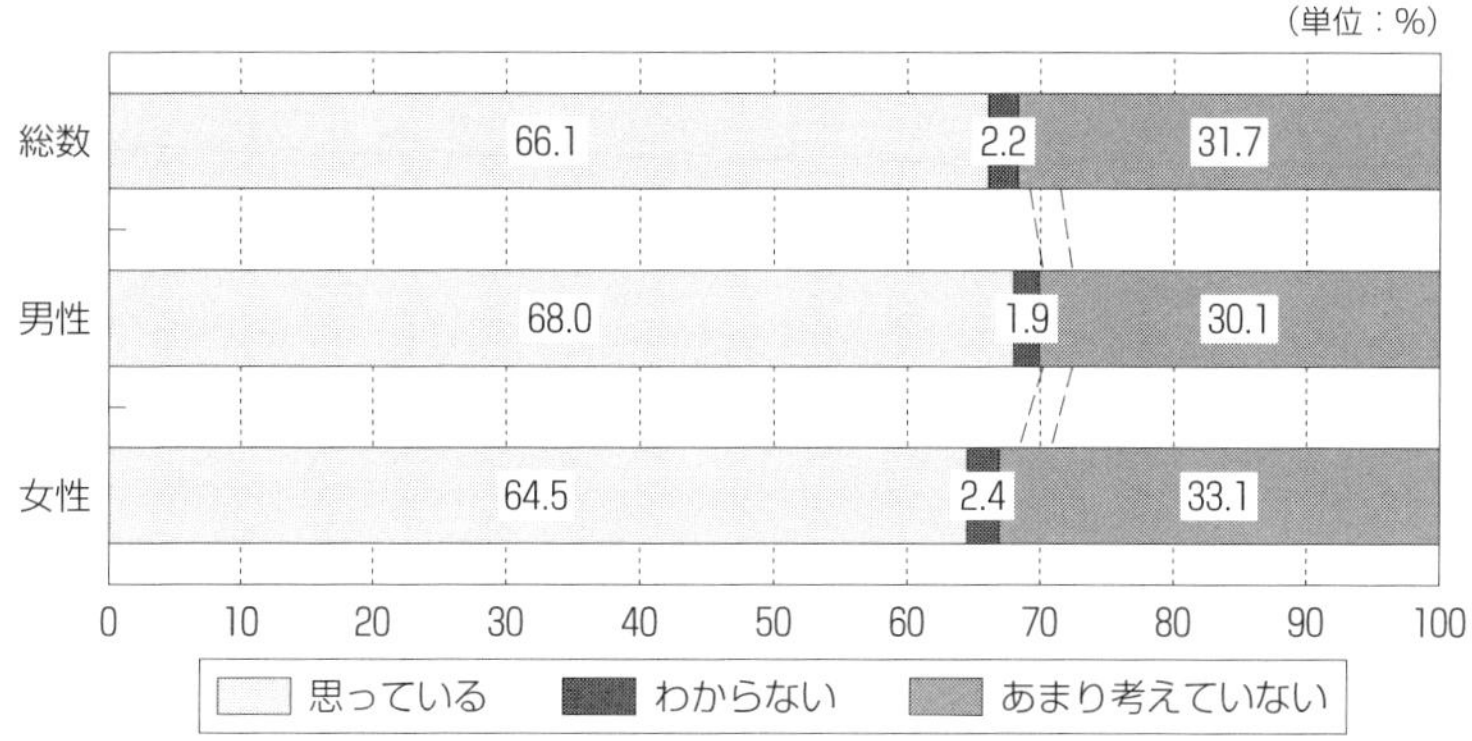

図7－3　社会への貢献意識

（出所）内閣府「社会意識に関する世論調査」2014年.

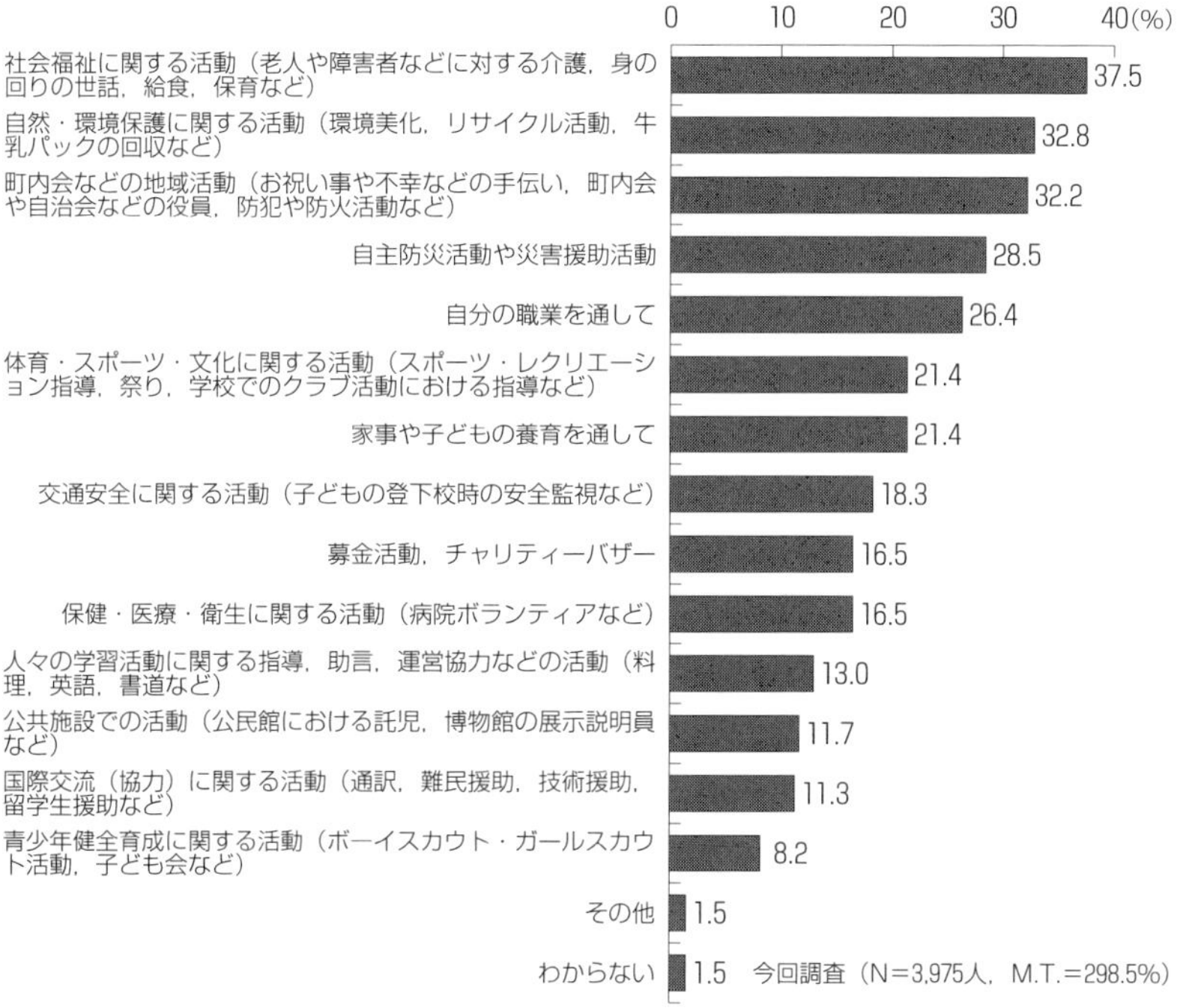

図7－4　社会への貢献内容（「何か社会のために役立ちたいと思っている」と答えた者）

（出所）図7－3に同じ.

でもあるからだ。

ところで、企業の社会的責任を遂行させ、それをレベルの高いものにしていくのは、市民の意識である。特に、「社会貢献的責任」は、企業が社会の要請に自主的に応えていくことである。その社会の要請とはまさに市民の意識である。その市民の意識とは、「私」に何かしてほしいという私的なものではない。「市民論」の章でも述べたように、「公共」の意識である。

内閣府の「社会意識に関する世論調査」で、日頃、「社会の一員として、何か社会のために役立ちたいと思っている」か、それとも、「あまりそのようなことは考えていないか」と聞いたところ、「思っている」と答えた者の割合が六六・一パーセント、「あまり考えていない」と答えた者の割合が三一・七パーセントとなっている（図7-3）。約六五パーセントの人々が、日頃社会の役に立ちたい、世の中の役に立つことが大きな喜びと考えており、その割合は年々増加してきている。つまり、日本人の公共意識、市民意識は高まってきており、それに伴って企業の社会的責任、特に最も高いレベルの「社会貢献的責任」に対する意識も高まっていると考えることができる。そして、社員も市民であるという観点からみると図7-4は、まさにそのことを表している。社会への貢献を「自分の職場を通して」というように回答しているのが、二六パーセントに上っているからである。

すでに、昭和四六年二月、関西財界セミナーにおいて松下幸之助は、「企業はだれのものか」というテーマの講演で、「企業は社会からの預かりものである」とし、「企業と社会とは別に存在するものではない。本来一体のものであり、よりよき人間生活の向上のために相携えて進まなければならない」、「企業が発展するかしないかによって、国民の福祉が増進するかしないか、ということに結びつく大事なことであると、考えなくてはならない」と述べている。わが国の企業は、伝統的に社会のために存在すべきであるという思想があるのだ。

社会のために存在する企業は、社会的責任を果たすべきであるという意識が着実に高まっていくのであり、そのことが社会の発展につながっていくのである。

一方、企業の側も、こうした市民意識の高まりを受けて、さらに積極的に社会貢献活動に取り組むことになるであろう。

参考文献・資料

（1）（社）日本経済団体連合会「二〇一三年度　社会貢献活動実績調査結果」二〇一四年。

（2）内閣府「社会意識に関する世論調査」二〇一四年。

（3）労務安全情報センターホームページ。labor. tank. jp/rootseiri/borantea.html

（4）Carroll, A. B., "The Pyramid of Corporate Social Responsibility : Toward the Moral Management of Organizational Stakeholders," *Business Horizons*, 34(4), 1991.

第8章　日本人論

はじめに

この章では、日本人論と題して、日本人の「社会のため」という意識や思想は、どのようなものなのかということを思想史の立場から考えてみたい。

私は、日本人の精神性、特に政治や社会性や生き方についての根底に今も流れている思想の中核をなすものは、武士道であると考えている。なぜならば、わが国は、鎌倉幕府以来、七〇〇年以上にわたり武士による政権、つまり軍事政権が続いた世界でも類をみない特殊な国なのである。

したがって、武士は、為政者として行政官として軍人として機能してきたのだが、その過程で武士は高い教養を身に付け、世の中の範となる人格を目指して自己陶冶の道を歩んできたのである。そして、その武士道思想は、武士の世が終わってから、かえって国民全体に浸透していったと考えるからである。

ところで、一般的に武士というと、保守的なイメージが強い。しかし、武士は、世の中の節目において、改革を断行してきた歴史がある。たとえば、江戸時代には、三度にわたる改革が行われた。徳川吉宗の享保の改革、松平定信の寛政の改革、水野忠邦の天保の改革である。また、最も大きな変革として、幕末から明治維新への転換がある。これは、武士社会を武士自身が崩壊させたのである。これは、まさに保身を捨てて、自分たちの地位をなくしてでも社会を改革するという大いなる意志に基づいた決断であり、行動であった。

幕末期、武士が社会を変革したのだ。彼らは、日本の国をよりよいものにしようと命をかけて行動したのである。このように武士たちが自分の命をかけて国のため社会変革のために行動した思想的根拠が武士道思想である。また、実業の世界でも、伝統的な日本人の社会貢献の姿が浮かび上がるが、ここで取り上げる二宮尊徳と渋沢栄一は共に武士でもあった。商業や農業においても、社会をリードし変革していく行動の基底には武士道が深く関わっている。

1　武士道思想と社会貢献

(1) 武士とは

平安後期から中世にかけて武士という社会的身分が確立したと言われるが、武士とは武芸に従事しそれを家業とする戦士である。つまり、日常的に武芸の修練を専門に行い、戦の際にはその武芸の能力をもって戦功をめざす職業軍人である。一一世紀中頃には、「兵の家」とか「武者の家」と言われる家が確立していた。技能を専門的に家業として行いそれを家として継承していくという形態は、まさに中世における能楽や文芸にみられる「道」と同様である。

当時の戦場では騎馬を主体とした弓矢戦であった。したがって、武士たちは、馬に乗って弓を射る、つまり騎射弓兵を修練し如何に秀でるかが求められたのであり、これを「兵の道」と称した。彼らは、武芸の専門家として誉れ高い道の実践者としての武士として自覚的に生きたのである。

鎌倉時代になると正式に武士による軍事政権が成立した。政権を握った板東武士たちは、武芸を重んじ、主に騎射三物といわれる流鏑馬、笠懸・犬追物、巻狩などが盛んに行われた。

武士たちは、日頃から武芸の修練に励み、戦いとなれば「いざ鎌倉」と我先に駆けつけたのである。

このように中世の武士たちは、武芸という身体技能を専門的に修練することが基本であった。しかし、そこにとどまることなく、武芸の実践を通じて、戦いの場を通じて、生死や勝敗を度外視して武勇を尊び、名誉を重んじ、臆病や卑怯な行為を否定するといった道徳観をも形成していったのである。

ところで、武士道思想は、江戸時代になると大きく二つに分かれる。

近世に入り世の中が平和になると、武士は戦闘員としての役割が薄れ、為政者としての役割が多くを占めることになる。そのような状況下、武士の道は相良亨氏のいうように、「武士道」と「士道」という二つの主張に分かれる。「武士道」は、鎌倉、戦国の武士の主君に仕える心組を重んずる精神性の流れを受け継ぐ「献身のいさぎよさ」、「死の覚悟」を根本とする思想であり、近世では『葉隠』に代表される思想である。一方、「士道」は、戦国時代の中で培われた為政者としての徳性と江戸時代に入って導入された儒教倫理が結びついて生まれた「人倫の道」をもって天下を治めることを職分とした思想であり、この思想が武士の思想の主流をなすようになっていく（相良亨『武士の思想』）。

(2) 覚　悟

武士道思想において特筆すべき特徴の一つが「覚悟」である。

死を覚悟とした名誉の獲得、それには身体を最も危険な場所に身を置くという行為で表現された。身をもって示すことの重大さが求められた。戦場ではいくら理屈をいっても意味がない。身体を使ってこそ意味がある。

『宇治拾遺物語』には、新羅の国の人々が、人喰虎を「我が身が生きるか死ぬかはわからない。しかし必ずあいつを射殺して見せましょう」といって実際にその虎を見事に射殺した日本の武士を「日本人は、自分の命を少しも惜しまず、大きな矢で射るからその場で射殺してしまう。やはり武士の道では日本人にはとてもかなわない」と賞賛する記述がある。

この記述から、当時のわが国の「兵の道」の精神が、命を惜しまないという心構えを有していたことがわかり、それが武士として優れた姿として描かれている。

当時の武士は、自分の「名」をあげる、後世に「名」を残すということが、武士としての面目であった。そして、戦場にあって「名」をあげるためには、何よりも「先陣」を果たすことであった。

『平家物語』には、源氏方の武蔵国の住人、河原太郎、次郎が「武蔵国住人、河原太郎私市高直、同次郎盛直、源氏の大手生田森の先陣ぞや」というように一番乗りを目指したとある。また、熊谷次郎直実は、一谷の戦いで、「大音声をあげて、『武蔵国住人、熊谷次郎直実、子息の小二郎直家、一谷先陣ぞや』と名のったる」とあり、一番乗りを果たし高らかに名乗りをあげている。この他にも、『平家物語』には一番乗りに関する記述が多くみられ、武士が如何に一番乗りを重視していたかということが、窺い知れる。

鎌倉武士の精神性が端的に表れている謡曲の『鉢木』にも、北条時頼と佐野源左衛門との会話で佐野源左衛門が「鎌倉に事変があったならば、いつでも誰よりも先に鎌倉に馳せ参じて、いくら大勢の敵であろうとまっ先に敵のなかに突入し討ち死にする覚悟である」という自分の思いを打ち明けたという件がある。まさに一番の乗りと死の覚悟が主君に対する献身であり、武士の覚悟として描かれている。

覚悟は、言葉や理屈からだけでは生まれない。言葉だけでは、どこまで決意しているのか、どこまで本当なのか、わからない。それに対して、行動はやるかやらないか、成功するか失敗するか、いずれにしろごまかしがきかない。

つまり、行動するということは覚悟がいるのである。理屈は誰でも言える。また、実践を知らない言葉は、机上の空論であり、実効性があるかどうかわからない。そう考えると、身体をあまり使わなくなった私たちに覚悟ができない、つまり理屈は言っても、文句はいっても、その内容に実効性がなかったり、実際に行動するということがその言葉のなかに含まれなかったりするということは当然の成り行きだ。

理論に基づいた実践、実践に基づいた理論が、求められる。

(3) 礼

日本人は、礼を重んじ、それに基づいて身を処してきた。礼とは、社会の秩序を保つための生活規範であり、礼儀作法をはじめ社会制度なども含めての総称である。また、相手を敬って拝することであり、相手に対して謝意を表す言葉でもある。

まず、社会的秩序を保つための礼は、孔子の理想であった。孔子は礼をもって社会の秩序の安定をはかろうとした。礼は法律のように強制力はない。しかし、刑罰を伴う法律によって強制的に社会を秩序だてるのでは無く、あえて法に頼らず、礼によって政治を行うことが孔子の理想であった。現代社会では、社会的秩序を保つために法律は必然であるが、社会秩序の安定をはかり、社会を信頼関係でつなぎ温かみを与えるためには礼が必要である。

次に、礼は相手を敬うということ、相手に感謝の意を表すためにある点が見逃せない。つまり、これはともに人間関係において相手を慮ることをしないと生じない精神性である。礼儀は相手に対してこちらの敬意や感謝の気持ちを表す身体表現なのである。人間は一人では生きていけない。それどころか、存在することそのことが周りに対して社会に対して大きな負担をかけている。敬意と感謝の気持ちを持つことからはじめなければならないのである。そして、それはひるがえって自分自身を律するための行為でもある。どういうことかと言えば、本当に礼儀正しい人はというのは、必ずしも周りに人がいるということを前提とせず、一人で居るときの立ち振る舞いにおいても、「礼儀正しさ」を自然に実践している。

礼に基づく身の処し方が、社会を秩序だて、互いに尊敬しあい、自分を律していくことになる。

（4）威　儀

武士にとって礼儀は、威儀として立ち現れる。威儀とは立ち居振る舞いに威厳を示す作法のことであり、それこそが武士のあるべき姿なのである。この威儀を提唱したのが、山鹿素行である。彼は、人間形成において、まず威儀を正すことを説いた。彼は武士の職分について、生産に従事しない武士は、人倫の道を自覚、実践して、農・工・商の三民のモデルとなり、彼らを指導して天下に人倫の道を実現することであるとした。

彼は、武士たるものは、「卓爾として独立」する「大丈夫の気象」を持たなければならないと説く。つまり、武士に対して道義的に他者に抜きんでて立ち、強くて安定した気性を持つことを求めたのである。そして、その実現のために一挙手一投足に威儀を正すことを求めた。素行は威儀を正す、つまり礼儀正しくするためには、視聴を慎み、言語を慎み、容貌の動きを慎み、飲食の用を節し、衣服の制を明らかにするなどの自敬の方法としての威儀を規定している。

つまり彼は、内的問題を、外的な立居振舞と同一視し、心のあり方は外のかたちに必ず現れる、と考えたのである。彼は特に形を重視した。形が乱れると心が乱れるというのだ。現代的ではないという考えもあるが、実際に服装が乱れると心が乱れる、服装を正せば心が引き締まる、という感覚は誰もが体験していることである。

したがって、威儀が、素行の士道論では非常に重要な部分を占めている。

「威は、その容貌より言動に至るまで、かるがるしからず、甚だをごそかにして、人以って畏るべきの形也」（『山鹿語録』）

威儀は、まさに厳めしく重々し形としての動きであり、そのことを実践することで、そこに精神が宿るのである。この姿こそが、静かだが相手を圧倒する「閑かなる強み」というものである。

（5）潔さ

日本では、美しく身を処することが求められてきた。美しいとはどういうことか。潔いということである。潔い身の処し方が武士道的な生き方である。

潔さは、どこから生まれるのか。それは、使命感からであろう。社会のために何かをするという覚悟が、潔さを生む。自分のためだけを考えると人間は物に、地位に、命に固執してしまう。固執すると執着すると見苦しい態度となる。社会のために、未来のために使命感を持って生きるということが、潔い身の処し方と言える。先に述べたように、武士は、すべての人々の見本となるべき存在であった。だからこそ、自分を捨てきること、潔さが求められたのである。自分を捨てきることとは、私の自我を捨てることであり、無私になることである。自分があると、自分のことが大切になる。エゴが出てくる。人間だけが死を知っている。だからこそ、死を恐れるし、少しでも生き長らえようとする。一方、死を知っているからこそ、死ぬまでの生き方を定めてそれに向かって生きて行くこともできる。かけがえのない命を何に使うか。武士は、世のために使うことを使命として定めていたのである。

潔い身の処し方とは、使命感をもって事にあたり、そのことに専念するが、執着しない、未練を残さない生き方である。このような生き方は、広い視野をもつことができ、また世の中の本質を見抜くことができる。本質を見抜いた人間の行動は、そうではない人間とはかけ離れた成果をもたらすことになる。なぜならば、潔さは大志とつながった時に改革者、先覚者となるからである。まさに、幕末から明治維新に活躍した坂本龍馬や高杉晋作、勝海舟、西郷隆盛などの生き方がそれである。

(6) 勝海舟にみる大志

ここでは、勝海舟を取り上げ、日本を救い、その発展に寄与した生きざまを見てみよう。

勝海舟(一八二三—九九年)は、幕末期の開明的な幕臣である。剣は島田虎之助に直心影流を学び、相当な使い手になった。また、蘭学や兵学を学び、一八五〇年から自宅で蘭学塾を開くようになった。一八五五年海軍伝習生頭役として長崎の海軍伝習所に赴き、オランダ士官より航海術の訓練を受けた。一八六〇年には、咸臨丸で太平洋を横断した。アメリカで近代文明を見聞した勝は、帰国後、近代海軍を建設する仕事に就き、神戸に海軍操練所を開設した。この頃、勝は幕臣だけではなく坂本龍馬や木戸孝允、西郷隆盛らと交流をもったのである。

戊辰戦争で江戸が新政府軍に囲まれた時、幕府全権陸軍総裁である勝海舟と、新政府軍参謀・西郷隆盛の間で行われた和平交渉の結果、江戸城は開城され、新政府軍に明け渡された。無血開城の実現であった。

勝は、幕府よりも日本統一と海外からの独立の維持を優先したと言われるが、維新後も、兵部大丞、海軍大輔、参議兼海軍卿を歴任し、後に元老院議官、枢密院顧問官となるなど、日本の発展に寄与した。まさに、大志に基づいた行動であり、生き方であると言える。

勝の思想を『氷川清和』から、あげてみよう。

まず、勝の人生の土台は、剣術と禅にあった。「本当に修業したのは剣術ばかりだ」、「禅と剣術とがおれの土台となって、後年大層ためになった」と述懐している。勝は、幕末から明治維新の動乱の時を死なずにすんだのはこの二つの功であるとしており、また戦いの場での勇気と胆力も剣術と禅で養われたものであるという。

　次に、勝は、「人には余裕といふものが無くては、とても大事は出来ないヨ」、「物事をするにも、無我の境に入らなければいけないヨ。悟道徹底の極みは、ただ無我の二字にほかならずサ」と述べ、大きな事をするためには、余裕と無我が必要であると説く。この二つは、相矛盾するようであるが、どちらも私利私欲をもつと得られない精神性であり、大志を抱きつつ無私の状態にあると自然に現れる精神性である。

　さらに、勝は政治と外交について、「政治家の秘訣は、ほかにはないのだよ。ただ正心誠意の四字しかないよ。道に依って起ち、道に依って坐すれば、草莽の野民でも、これに服従しないものはない筈だよ」、「外交の極意は、誠心正意にあるのだ」と述べ、まごころをもって事にあたること、我欲ではなく人道に則って行動することが、内政においても外交においても基本であるというのだ。

　勝は、人生を大胆に生きたと言われるが、それは大志を持ち、我を捨て去っていたからこそ出来たのである。

（7）武士的精神性の広がり

　大政奉還により武士社会は江戸時代をもって終わりを告げた。そして、明治維新になり四民平等となって、武士階級は消滅した。しかし、うがった見方かもしれないが、その時から、わが国の国民の全てが武士的になったとも言える。つまり、正式に苗字を持つようになり、また社会制度自体が儒教的な思想に基づいて確立したのである。そのなかで国民一人ひとりが国家を形成する一員としての権利を得、またその自覚を育んできたはずである。それまでは武士の特権であったものが、その特権はなくなったが、その内容は広く国民に広まったのである。その後、紆余曲折はあるが、武士的な生き方やものの考え方が、少なからず私たちの日常に根付いており、今の日本の発展を可能にしてきたと言っても過言ではない。

現在は、社会秩序が混乱し、経済が停滞している。しかし、そういう時だからこそ、変革の好機でもある。まさに、日本の将来がかかっているのだ。今こそ、私たち日本人は、社会に貢献するということ、社会をよりよい方向に自分が変えていくという気概や使命感を持つことが必要なのではないだろうか。

2　実業と社会貢献

(1) 二宮尊徳の報徳思想

①業　績

戦前は、日本全国の小学校にどこにでも、薪を背負い読書をしながら歩く二宮金次郎（尊徳）の像が建っていたし、今でも多くの小学校でみられる。尊徳は、多くの国民に尊敬されてきた人物である。

二宮尊徳（一七八七―一八五六年）は、江戸時代後期に活躍した農政家・思想家である。幼少の頃は裕福であったが、早くに父母と死別し、貧しい生活を送った。そのなかで努力をし、苦難のすえに二四歳で、一家の再興に成功した。彼の思想や活動が周辺に広がり、その名が知られるようになった。

一八一八年小田原藩家老服部家の家政再建を引き受け、幕府の老中に就任した藩主大久保忠真より善行に対して表彰された。一八二〇年、小田原藩士たちのための五常講を創設して苦境を救う。

その後、尊徳は、「仕法」という村おこし事業を各地で展開していった。一八二一年、分家宇津家の領地再建を命ぜられ、桜町領の復興を図り成功した。一八三三年、青木村、一八三五年に谷田部藩、一八三七年に烏山藩、一八三八年下館藩に仕法を行った。

一八三七年に、藩主の命により小田原藩領内の飢饉を救済し、引き続き小田原領内の数カ所の村で仕法を実施した。

一八四二年老中水野忠邦より普請役格として幕臣に登用される。

一八四四年、日光東照宮領の再建計画書「日光仕法雛形」を作成した。

一八三八年、仕法が相馬各藩で実施され、明治初年まで続き、めざましい成果をあげた。

尊徳は、合理的精神の持ち主であり、和漢の古典によく通じ、それをもとに独自の思想を展開した。つまり、実践活動の過程で、農村のありようを独自の方法で研究・記録し、その改善策を体系化している。このような科学的、実践的な思想および方法論は汎用性のあるものとされ、「報徳仕法」として確立された。そして、この方法は、多くの村落の依頼により実施された。尊徳が七〇歳で亡くなるまでに、実に六〇〇以上の村々で実施され、農村再建に貢献したのである。

その後、明治維新に入り、慶応義塾の創始者である福沢諭吉、明治期の三菱の最高幹部である荘田平五郎、三井の実業家であり政治家でもある早川千吉郎、トヨタグループの創業者であり発明家の豊田佐吉など、明治期に日本の発展を担った人々に大きな影響を与えた。

一方、「報徳仕法」は発展を続け、政府がこれを取り上げ全国的に展開し、一九二四年には「大日本報徳社」が設立された。

図８−１　二宮金次郎像

昭和に入り、戦前には、尊徳の伝記や思想は「修身」の教科書に掲載され、全国の小学校に銅像が建てられた。戦後は、学校教育から姿を消すが、日本人の「勤勉さ」の根底をなした人物と言える。

②　報徳思想

尊徳の業績の思想的根拠は「報徳思想」と呼ばれ、実践に基づいて構築されてきたものであり、まさに実践哲学である。この思想は、神道、仏教、儒教などの教えと農業の実践から編み出した豊かに生きるための思想である。報徳とは、徳に対して徳をもって報いる行為をいうのである。少し詳しくみていこう。

まず、人間がこの世に生を受け、生きつづけられるのは、天地人の三才の恩徳によるものであるとする。私たちは、自然の恩恵と社会の恩恵によって生かされていると考える。したがって、自分の欲のために生きる（人心）のではなく三才の徳に報いるために生きるという精神（道心）をもたなければならない。この道心にそった心の状態を「至誠」という。

この「至誠」に基づいて、日常生活で行動していくことを「勤労」という。したがって、自分のために働くのは勤労ではない。徳に報いるために働くことが勤労である。勤労は、全ての物や人に備わっている取り柄や持ち味（徳）をもって働くことである。人間は必ず徳をもっている。その徳を駆使して自然や社会に対して報いるために活動すれば、自他共に豊かになるのだ。

次に、尊徳は、「分度」を説く。分度とは、天分に合った度合である。日常生活において生計を立てる際に、人はそれぞれ置かれた状況や立場によって決まった収入がある。その天分としての収入にみあった支出を定めることを「分度を立てる」という。分度を立てて、それを守ることで、生活は安定するのである。そのためには、贅沢を追い求めず私欲を抑えることが大切である。

最後に、尊徳は、「推譲」を説く。推譲とは、分度生活の結果生ずる余剰を社会に還元することである。至誠に基づき勤労、分度をして貯まった物や金銭を将来のために残したり、人に及ぼしたりする事を推譲というのである。

推譲の根本は、進んで私を捨て人に譲ることであり、それが「人道」の極致なのである。なお、「人道」とは、天地自然の法則や機能としての「天道」に基づいて、人間が豊かに生きられるように主体的に行う努力のことである。

このように、二宮尊徳は、報徳思想により「村おこし」という社会貢献活動を実践し、近代日本を作り上げる礎を築いたのである。

(2) 渋沢栄一と社会事業

① 業 績

渋沢栄一(一八四〇―一九三一年)は、江戸末期、幕末の幕臣であったが、明治から大正初期にかけては大蔵官僚および実業家として近代日本の経済を作り上げた第一人者であり、日本資本主義の父と呼ばれる。それと同時に、道徳経済合一説を説き、数多くの社会事業を行った。

栄一は、藍玉の製造販売と養蚕を兼営し米や野菜などの生産も手がける大農家の生まれで、一般的な農家と異なり常に算盤をはじく商業的な才覚が求められる環境で育った。一方、幼い頃から父に学問の手解きを受け、教育学者であり官営富岡製糸場長にもなった従兄弟の尾高惇忠から本格的に「論語」をはじめとする四書五経などを学ぶ。

一八六一年に江戸に出て大儒学者である海保漁村の門下生となる。また、剣術は、北辰一刀流を学んだ。勤皇の志士との交流を通じて、「尊王攘夷」思想の影響を受け、高崎城乗っ取りの計画を立てたが中止し、京都へ向かった。

京都では、一橋慶喜に仕えることになり、一橋家の家政の改善などに実力を発揮し、次第に認められていく。

主君の慶喜が将軍となったのに伴い、幕臣となり、パリで行われる万国博覧会に徳川昭武の随員としてフランスを訪れ、ヨーロッパ各国を訪問する。その後、徳川昭武のパリ留学に従ってパリに行く。

明治維新となり欧州から帰国し、「商法会所」を静岡に設立、その後大蔵官僚として新しい国づくりに深く携わった。

一八七三年に大蔵省を辞した後、民間経済人として活動し、第一国立銀行の総監役の頭取に就任した。栄一は第一国立銀行を拠点に、株式会社組織による企業の創設・育成に力を入れ、七十七国立銀行、東京ガス、東京海上火災保険、王子製紙、帝国ホテル、秩父鉄道、京阪電気鉄道、東京証券取引所、キリンビール、サッポロビールなど、多種多様の企業の設立に関わり、生涯に約五〇〇以上もの企業に関わったと言われている。

② 社会活動

渋沢栄一は、実業界の中で最も社会活動に熱心な人物であり、東京慈恵会、日本赤十字社の設立などに携わり、財団法人聖路加国際病院初代理事長、財団法人滝乃川学園初代理事長、ＹＭＣＡ環太平洋連絡会議の日本側議長などもした。また、関東大震災後の復興のために寄付金活動に奔走した。

栄一は、商業教育にも力を入れ商法講習所（現一橋大学）、大倉商業学校（現東京経済大学）の設立に協力した。また、早稲田大学、二松学舎（現二松学舎大学）、国士館、同志社大学の寄付金の取りまとめに関わった。さらに、女子の教育の必要性を考え、日本女子大学校、東京女学館の設立に携わった。

栄一は、約六〇〇の教育機関・社会公共事業の支援並びに民間外交に尽力したのである。

③ 思　想

渋沢栄一は、「道徳経済合一説」という哲学を展開した。著書『論語と算盤』から、その哲学を垣間見てみよう。

栄一は、「利殖と仁義の道とは一致するものであることを知らせたい。私は論語と十露盤とをもって指導しているつもりである」と述べ、「論語」と「算盤」、つまり人倫の道と商売の一致を説いている。

また、「自分は常に事業の経営に任じては、その仕事が国家に必要であって、また道理に合するようにして行きたいと心掛けてきた」、「一個人に利益ある仕事よりも、多数社会を益して行くのでなければならぬ」と論じており、経済は、国や社会全体の利益のためであり、個人の利益のために行うものではないとする。

さらに、「富を造るという一面には、常に社会的恩誼あるを思い、徳義上の義務として社会に尽くすことをわすれてはならぬ」と述べ、富は社会に還元することを説いた。

「武士道は移しもって、実業道とするがよい。日本人は、あくまで、大和魂の権化たる武士道をもって立たねばならぬ」と言い、武士道的精神を持って実業家も世の中の役に立たなければならないとする。

参考文献・資料

（1）前林清和『武道における身体と心』日本武道館、二〇〇七年。
（2）相良亨『武士の思想』ぺりかん社、一九八四年。
（3）勝海舟『氷川清和』講談社、二〇〇二年。
（4）大貫章『二宮尊徳の道徳と実践』モラロジー研究所、二〇〇七年。
（5）渋沢栄一『論語と算盤』角川学芸出版、二〇〇八年。
（6）財団法人 渋沢栄一記念財団ホームページ。http://www.shibusawa.or.jp

第9章　国際論　I

はじめに

日本人は、あまり世界のことを考えることはない。知識として知っていても、自分の問題として捉えることはほとんどないと言えよう。

しかし、実感はあまりないと思うが、実は毎日の生活が世界と直結しているのである。たとえば、今食べている食品、着ている服、使っている電気製品、その多くが海外から輸入した物である。なにより、使っている石油やエネルギーはほとんど輸入に頼っている。また、私たちが生産した多くの物が、海外に輸出されている。今や貿易がなければ、日本国内だけでは、この豊かで便利な生活は成立しないのである。

その世界のことを知らないで自分たちだけが平和に暮らしている、あるいは暮らそうと、少なくとも結果としてそうなっているのが現在の日本である。しかし、世界は決して平和ではない。今この瞬間も、紛争とテロが相次ぎ多くの人々が戦火にさらされ、犠牲になっている。また、貧富の格差は広がるばかりで、極度な貧困で食べるものもなく餓死し、あるいは風邪や下痢で薬がないために死んでいく多くの子どもがいる。

このような現状下、国際協力の必要性が叫ばれて、政府をはじめ多くの民間組織が活動している。

本章では、国際協力をなぜするのか、世界をどのように捉えるべきか、国際協力はどのような立場から行うべきかなどについて、論じることにする。

1 世界の捉え方

(1) 文化、文明のとらえ方

文化、文明の定義は、様々あるが、ここでは国際問題や国際協力を考えるにあたっての捉え方について考えてみる。

一般的に使われる文化や文明という概念は、ヨーロッパの視点、ヨーロッパを頂点として形成されてきた。たとえば、一四九二年、コロンブスがアメリカ大陸を発見したというが、そこには以前から先住民が住んでいた。したがって、当然アメリカ大陸は太古の昔からすでに人間によって発見され、生活の場とされていたのである。それにも関わらずヨーロッパ人にとっては世紀の大発見であった。つまり、発見と言っても、ヨーロッパ人からみた発見であって、人類の発見ではないのだ。世界はヨーロッパ人の世界だと考えていたのである。

大航海時代以降、多くの植民地を獲得し、近代以降、産業革命、市民革命によって近代文明を構築したヨーロッパ人にとって、ヨーロッパ人こそが最も優れた人間であると考えるに至ったのである。したがって、ヨーロッパ人のみが文明人であり、アフリカ人やアジア人は未開人というように考えられてきた。

現在も、多くの場面で、文化、文明のとらえ方は、前記のようなヨーロッパ中心主義に基づいている。

文化＝Culture とは、学問や芸術、宗教などの精神的修練や活動から生み出されたものであり、人間の知性や教養と言われるものである。そして、ヨーロッパ人こそが、古代ギリシャから引き継がれ、またキリスト教という唯一の宗教によって洗練されてきた高い知性と教養を身につけており、したがって高い文化を持っているというのである。

次に文明についてであるが、文化が主に精神的所産であるのに対し、文明とは物的な所産とする。もともと、文明＝Civilizationという語は、法律や科学技術によって進歩する社会を意味する言葉であり、未開に対する言葉である。ヨーロッパこそが近代的な法律を確立し産業革命以降の科学技術によって作り出された物的所産を有する近代文明であるというのである。

そして、最高の文化と最高の文明を有したヨーロッパのみが、人類に多くの幸福をもたらすと考えられてきたのである。

このような文化、文明の捉え方は、今でも多くのヨーロッパ、アメリカ人に根強くあり、ヨーロッパ以外の文化、文明を低くみる傾向がある。しかし、それはヨーロッパ人だけではない。私たち日本人にしても、その亜流的な考え方を持っている。つまり、文化についてはヨーロッパ文化もすばらしいが日本文化も高度な文化であると捉えている。そして、日本文化は、他のアジアやアフリカの文化より相当レベルが高いと考える傾向がある。また、文明は、ヨーロッパ文明に追いつけ追い越せということで明治以降頑張ってきた。今、ヨーロッパやアメリカと肩を並べたと多くの人が思っている。その価値観そのものが、ヨーロッパ文明、つまり近代文明に基づいたものと言えるのである。

本来、文化とは、文化人類学でいうように、高低、優劣はないはずである。それぞれの国や地域によって様々な生活様式、文化があって、それぞれが独自の価値や特徴をもっていて高低、優劣の差はつけられないものである。

また、文明にしても近代文明のみが唯一の価値ある文明とは言えない。未開、あるいは非近代化の社会においても、人間が幸せに暮らすための方法を有しているのである。

ここで、国際協力、国際支援活動に視点を移してみよう。いわゆる先進国と言われる国々の国際協力のあり方は、今述べてきたようなヨーロッパ中心主義の文化、文明論に根ざしたものと言える。

すなわち、多くの国際協力や国際支援活動は、開発途上国の文化を低いものと捉え、レベルの高い文化や教育を与えようという態度をとってきたのではないか。あるいは、非近代化、いわゆる未開の状態にある開発途上国に対して近代化を推し進めることが幸福への唯一の方法であるという確信に基づいて一方的に支援してきたのではないだろうか。このことが、本当の意味で、開発途上国の人々の幸せに貢献しているとは言い難い。

このような立場から国際協力を考えると、一見、開発途上国に対して、支援の必要性は見いだせないということになる。しかし、そうではない。開発途上国といえども、すでに世界のほとんどの地域でヨーロッパ中心主義の文化や文明が入り込んでいる。パンドラの箱は、開けられてしまっているのである。その責任は、アジアやアフリカ、南米などに土足で踏み込み、植民地化していった先進国にある。

開発途上国の意志に基づきながら、持続可能な開発とはどのようなものかということを考えたうえでの、バランスや調和を重視した支援が望まれる。

(2) 世界のなかの私

私たちは、小さな時から地図を見てきて、上が北、下が南、世界地図や地球儀では上に北極、下に南極があるというのは当たり前のように思っている。しかし、よく考えてみると地球に上下があるはずがない。まして、その表面に中心はない。

それにもかかわらず、世界地図を見ると、ほとんどの世界地図が日本をまんなかに、北極を上に作成されている。しかし、私たちが当たり前だと思っているこのような世界地図は、実は特殊なものである。世界共通の地図は、ヨ

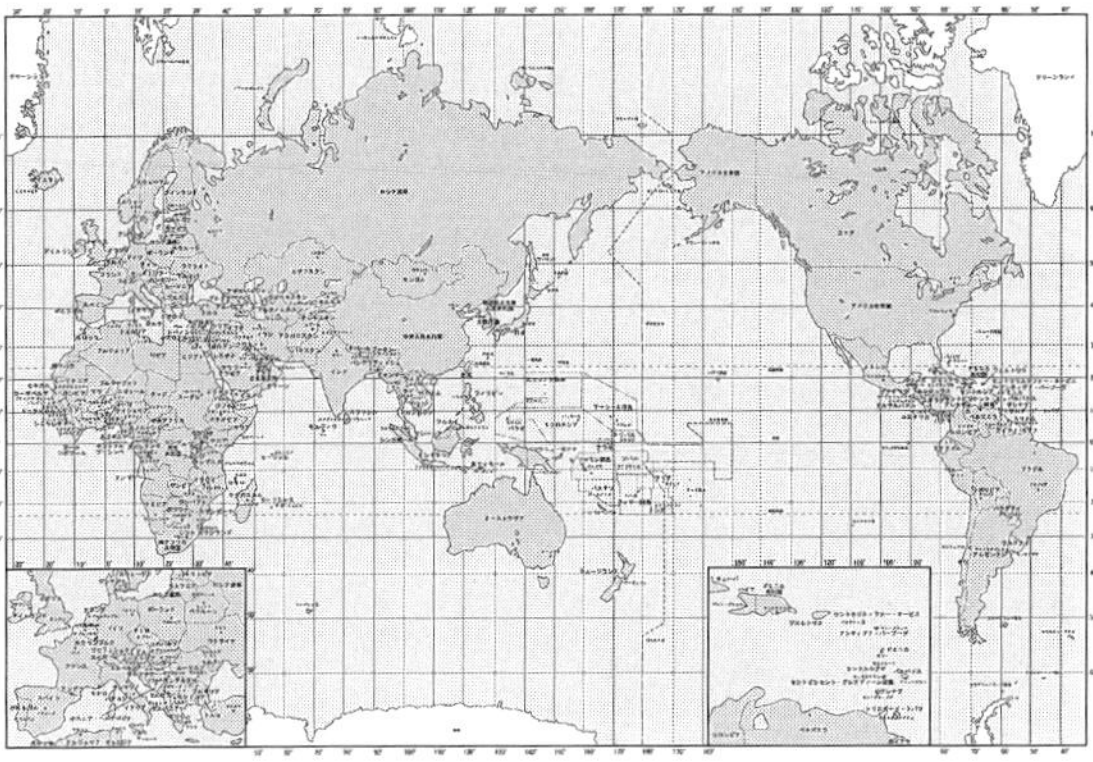

図9－1　日本が中心の世界地図

図9－2　ヨーロッパが中心の世界地図

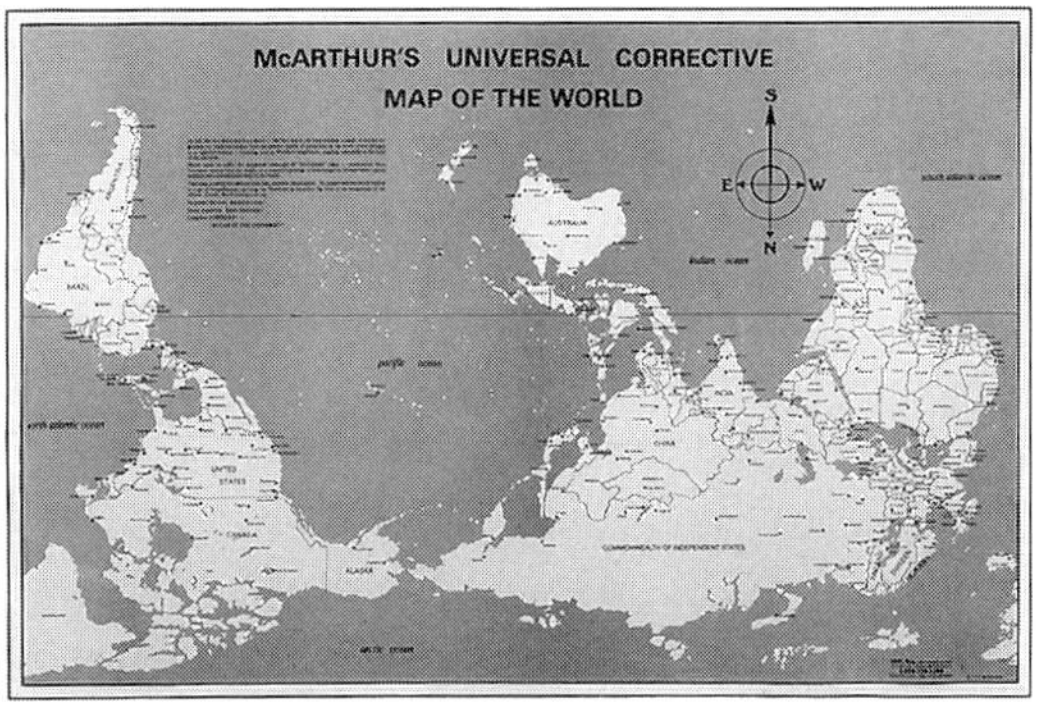

図9－3　オーストラリアが中心の世界地図

ーロッパが中心である。また、あまり多くは見られないが、オーストラリアの世界地図は、南北が逆になっている。ヨーロッパ中心の地図が世界標準だということ自体が、ヨーロッパ中心主義の証でもある。

これはどういうことかと言えば、人間は、自分自身を中心に世界を見ている。つまり、自分を中心に世界は同心円状に広がっているのだ。したがって、自分の住んでいる国を真ん中において世界地図を描くことになる。また、地図を描く場合、北が上というのも北半球にヨーロッパが位置しており、世界地図を描き出した初期の人々が北半球に住んでいたため、北が上になった。なぜならば、一般的に上の方が下より上位に位置する、偉いという価値観は世界共通であるからだ。だからこそ、南半球のオーストラリアでは、南が上の地図も存在するのである。

このような観点から世界地図を見ることで、次のようなことが言えよう。

まず、世界は均質な空間ではないということである。人間は、自分のいる場所が最も濃密な空間であり、そこを中心に生きているということである。これは、当たり前のことで、私が存在しないと世界も存在しないのであるから、私から世界は広がっているということはごく自然のことである。自分の存在場所、居場所をもっているということが人間としてアイデンティティを持って生きるということの一つの条件である。その居場所は、自分にとって生きやすい場所、誇れる場所ということが重要になってくる。逆に、自分の国家や領土を持たない民族がどれほど苦難の道を歩んできたかということは歴史を見れば明らかである。

ただ、ここで重要なことは、世界中の人々、一人ひとりが、世界の中心であるということである。私が世界の中心であるのと同じように、アメリカ人の誰かも世界の中心であり、アフリカに住む人も世界の中心として自分を捉えているということである。世界中のすべての人間にとって、世界の中心はそれぞれが自分である。皆がそれぞれ世界の中心に位置する存在、世界の中心に位置する国家だということだ。このことを理解することが重要なのだ。私は、絶対的であるが、同時に相対的でもあるということである。しかし、現実には、世界には自分だけが、あるいは自国のみが世界の中心であると捉えている人々や国家が多い。このことが、争いと奪い合いを生じさせ、世界の平和や発展を阻害しているのである。

(3) 国際人の感覚

世界は自分を中心に同心円に広がっていると言ったが、同時に現代社会は違った世界が私を中心に広がっている。まず、時間や経済性から世界を見てみよう。たとえば、距離でいうと、日本からハワイの方がカンボジアの首都プノンペンより遠い。しかし、実際にその場所に行こうと思えば、飛行機に乗れば、ハワイの方が早く行けるし、実際にかかる費用も安い。つまり、交通機関が発達した現在、遠い近いは、距離だけでは測れないということである。距離以外にも時間的、経済的な意味において遠い近いが生じるのである。この観点からすると、私たちにとっては、確実にハワイの方が近いのである。以前、私は、東北の小さな村に行った時、電車を何度も乗り継いで目的地に着くのに七、八時間かかった。しかし、韓国に出張した時は、飛行機で行けばすぐで、二時間で着く。空港で待つ時間などを入れても四時間あれば韓国へ行ける。国内でも行くのに七、八時間かかるところがあるのに、海外に四時間で行ける。また先日、東京出張の折に、車内広告で見た韓国へのパック旅行代金の方が出張費より安かった。そう考えると海外のほうが遠いという感覚は今や現実的でないのだ。

次に、関係性における「遠い近い」を考えてみよう。身の回りの人間関係を考えた場合、たとえば一度も会ったことのない隣のマンションに住んでいる人よりも、いつも食べているパンやうどんの原料である小麦を生産しているアメリカやカナダの小麦生産農家の人、あるいはいつも着ているシャツを作っているタイやベトナムの縫製工場の人たちとの関係の方が近い、つまり関係が深いと考えることはできないだろうか。

このように、現代社会は多くの人々が地球規模で行き交い、物流もグローバルになると、必ずしも距離と人間関係の深さは比例しないのである。

今述べてきたことを総合的に考えると、「私の周り」「私の近く」という概念は、自分の距離の近いところ、というだけではなくボーダレスに世界まで広がっているのである。

実は、私たち日本人は、そのことが最も現実化されたなかで生きているのだ。なぜならば、私たちの生活は世界との関係なしではあり得ないからである。たとえば、日本の食料の自給率は三九パーセント以下である。つまり、六〇パーセント以上は世界に頼っているのだ。そのなかで、穀物に限るとその自給率は二八パーセントであり、七二パーセントは世界のものを輸入して食べているわけである。世界各国が日本に対して輸出を停止すれば、たちまち多くの国民が餓死してしまうのである。

また、エネルギーの自給率はなんと五パーセントにすぎない。世界から石油や天然ガス、石炭、ウランなどを買っているのだ。四パーセントとしか自分の国でエネルギーが自給できていないということは限りなくゼロに近い。したがって、世界からエネルギーの輸入が途絶えたら、数カ月で日本の全ての営みが止まってしまう。

このように考えると、私たちは自分の近しい人はもちろんだが、世界のまだ見ぬ人も、場合によっては国内の人より身近な人であるということを考えるべきである。このような社会では、「私の周り」とは世界を意味することになるのだ。

ここで、第一章で述べた「他者の幸せ」ということをもう一度考えてみよう。私たちは、日本国内の幸せを考えている。しかし、それだけではないことがわかる。少なくとも距離だけで近い遠いということはない。世界全体が「私の周り」なのであるから、世界中の不幸せな人々のことにも思いをよせていくことが、自然なことであり、当然のことなのである。

このように考えると、私たちは自分のことを大切にし、近しい人々のことを思いやると共に、世界のことを考え、何らかの行動をすべきなのである。特に、人の生命や不幸に関わることに関しては、人道的観点からも、見過ごすわけにはいかない。世界で何が起こっているかを知り、知ったからには何をすべきかを考え、できることから行動を起こすべきなのである。これを実践できる人間こそが真の意味での国際人である。

2　日本はなぜ国際協力をすべきなのか

(1) なぜ国際協力なのか

いまだに、日本人の多くの人は世界なんて関係ないと思っている。もちろん、地域社会でのボランティアとか、身近な人たちのために貢献するということは大切である。しかし、日本は世界との関係がなければ、まったく成立しない文化文明なのである。ここでは、日本がなぜ、日本人がなぜ、国際協力をする必要があるのか、ということについて考えてみたい。

(2) 経済大国

まず、わが国は、世界でトップクラスに位置する国家であるということだ。

経済大国とは、一般的にＧＤＰ（国内総生産）が世界の総生産に占める割合が大きく、世界経済に対し影響力の強い国のことである。

日本は、ＧＤＰが世界第三位である。

ちなみに、世界一九三カ国（国連加盟国）あるなかで、いわゆる先進国というのは、約一五パーセントしかない。

表9－1　経済先進国一覧

オーストラリア	ド　イ　ツ	大韓民国	スウェーデン
オーストリア	ギリシャ	ルクセンブルグ	ス　イ　ス
ベルギー	香港特別行政区	オランダ	台　　湾
カ　ナ　ダ	アイスランド	ニュージーランド	イギリス
キプロス	アイルランド	ノルウェー	アメリカ合衆国
デンマーク	イスラエル	ポルトガル	
フィンランド	イタリア	シンガポール	
フランス	日　　本	スペイン	

（出所）　国際通貨基金ホームページより.

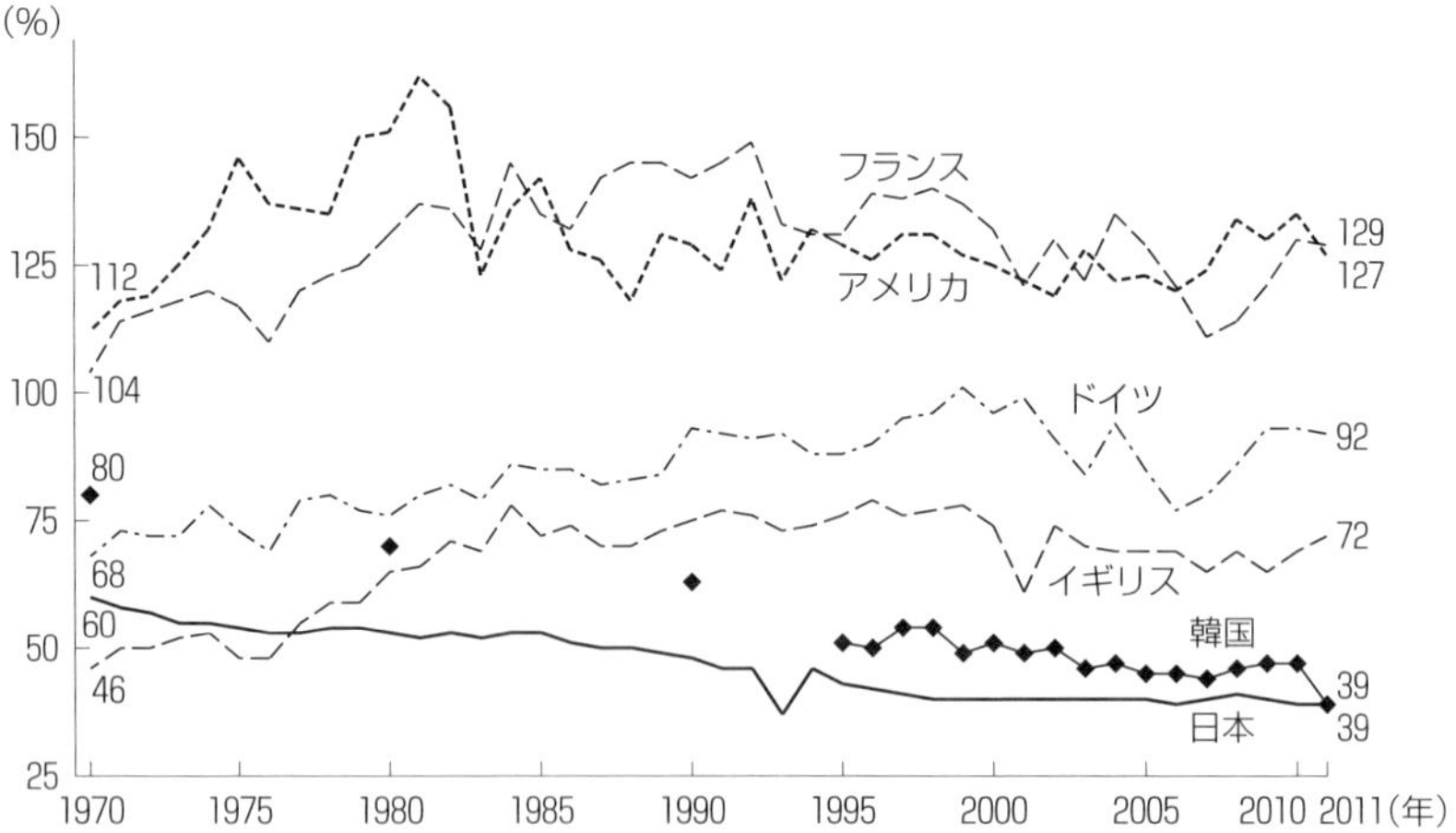

図9－4　主要国の食料自給率の推移

（出所）　農林水産省ホームページより.

さらに、国連開発計画が出している人間開発指数においても、日本は世界で一七位（二〇一三年）にランキングされている。

わが国は、世界でも有数の先進国であり、私たちは裕福な生活を送っているということである。そして、日本クラスの国は世界のなかでほんの一握りであり、世界のほとんどが経済的に貧しい国々である。たとえば、二〇一四年の国民一人あたりの年間所得（GNI）を見た場合（世界銀行）、日本は、四万二〇〇〇ドルであるのに対し、アジアで一番貧しい国の一つであるネパールでは七三〇ドルであるし、さらにアフリカのマラウィでは二五〇ドルというように、信じられないような年間所得である。

このようなデータをみると、私たちが貧しいと感じている生活も世界を見渡せば特別に裕福な状態だということである。

(3) 依存大国

私たちの繁栄は決して自給自足でまかなって実現しているわけではない。世界に依存しながら成立しているのだ。先にみたように、食料自給率は、三九パーセント、穀物自給率は、なんと二八パーセントにすぎない。この数値は、先進国のなかでは極端に低い。図9-4のように、アメリカは一二七パーセント、フランスは一二九パーセントとあり、国内生産だけで食料を確保し、過剰分は海外に輸出している。また、食料を自給しきれないドイツでも九二パーセント、イギリスでも七二パーセントは国内で生産している。私たち日本人は、毎日が平和なので、それが当たり前になってしまっている。いつ戦争や経済危機が起こるかわからない。もし食料の輸入が止まったら、日本人の多くが飢えにあえぎ、餓死することになるということをもう少し真剣に考えなければならない。

次に、エネルギーの消費と自給率について、その現状について見てみよう。

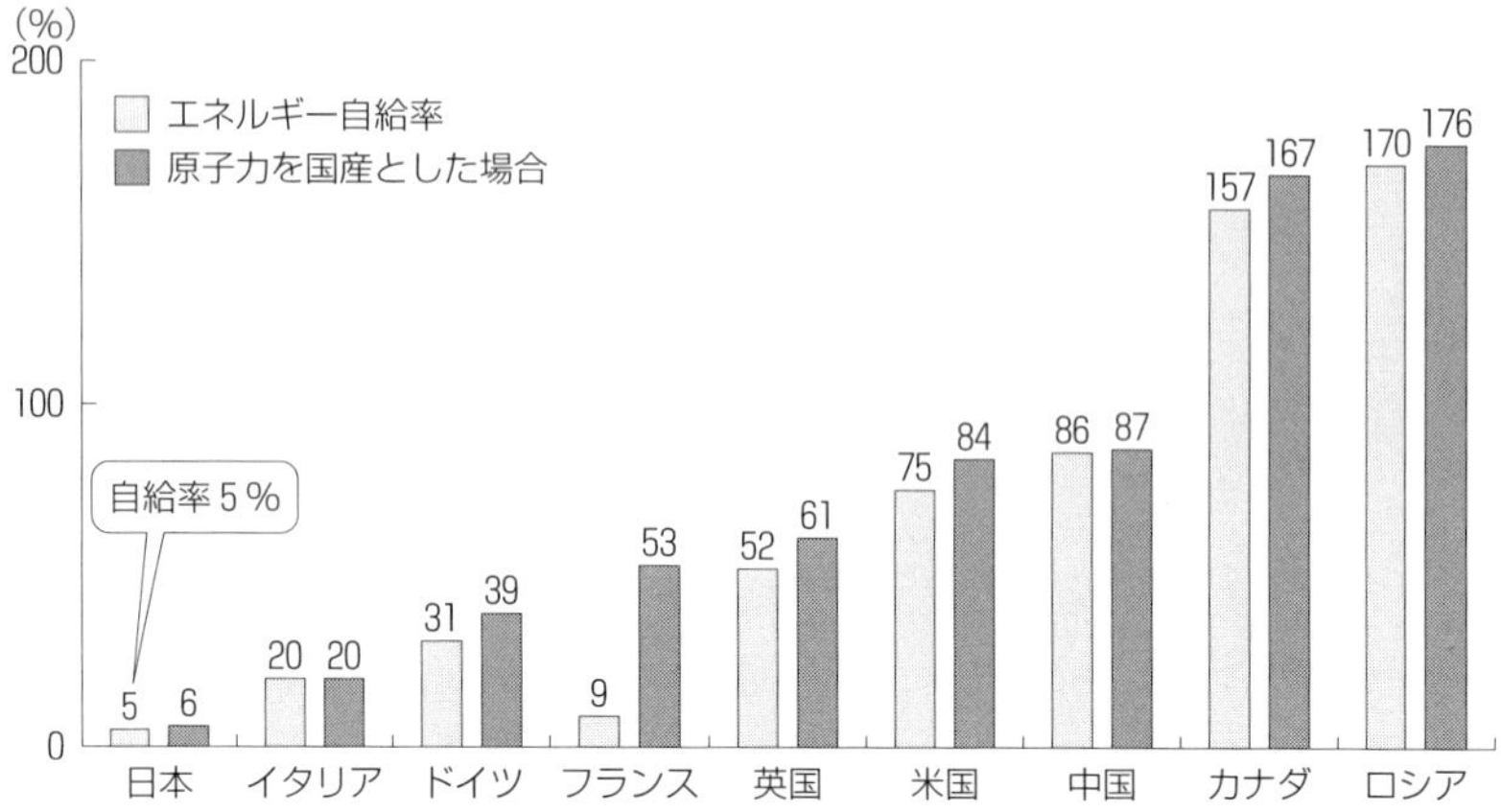

図９−５　主要国のエネルギー自給率

（出所） IEA「ENERGY BALANCES OF OECD COUNTRIES, 2014」「ENERGY BALANCES OF NON-OECD COUNTRIES, 2014」.

わが国のエネルギー消費量は、世界で四番目であり、世界の約五パーセントのエネルギーを日本が使っている。しかし、そのエネルギーはほとんどが輸入に頼っている。日本のエネルギーの自給率は、原子力を輸入とした場合、現在、五パーセントである。これを他の先進国と比べるとその深刻さがよくわかる。イギリスは五二パーセント、アメリカは約七五パーセント、ドイツが三一パーセントという状況である。五パーセントということは、ほとんど自給していないということである。食料と同様に、もし、石油の輸入が戦争や輸入先の内戦などで全て停止したら、わが国のほぼ全ての生産活動はストップすることになる。このことが、如何に深刻な問題かを考える必要がある。

このように、日本は世界との関係の中で成立しているのである。世界との関係を如何に良好に保つかということは、私たちの生活や生命と直結している最重要課題なのである。

（４） 最近まで被支援国

わが国は、アメリカ、イギリス、ドイツに次いで世界で四番目の開発途上国に対する支援国である（二〇一三年）。しかし、第二次世界大戦後、世界から多くの支援を受けて復興を果たしたのだ。

日本は、第二次世界大戦に敗れ、国土は焼け野原となった。全てを失いゼロからの復興であったが、一九四六年から一九五一年の間、アメリカから約五〇億ドルの資金援助を受けた。さらに、カナダ、メキシコ、チリなど多くの国から生活物資や食料などが送られたのである。

その後も、一九五三年に、世界銀行から有償資金援助を受けて、現在の日本の発展の象徴とも言える東海道新幹線、東名高速道路、黒部川第四発電所などを建設した。日本が完全に被支援国を脱したのは、世界銀行から借りた資金を完済した一九九〇年のことである。日本が自立できてから、まだ二〇年たっていないのである。

戦後の復興・発展は、日本国民の絶え間ない努力によるものである。しかし、それも海外の多くの国や国際機関から支援があってのことである。決して日本だけの力ではない。先進国に上り詰めた今、開発途上国への支援を如何に考えるかが、日本が真の意味での先進国か、二流の国家かを問われることになる。自国のことだけを考えている国家は、先進国とは言えない。この評価は、海外からの評価というよりは、日本人一人ひとりが自分自身としてどうあるべきかという内省的評価として考えるべきものである。

(5) 安全保障上の問題

日本は、世界でも類をみない戦争を放棄した国家である。憲法第九条には、次のようにある。

一、日本国民は、正義と秩序を基調とする国際平和を誠実に希求し、国権の発動たる戦争と、武力による威嚇又は武力の行使は、国際紛争を解決する手段としては、永久にこれを放棄する。

二、前項の目的を達するため、陸海空軍その他の戦力は、これを保持しない。国の交戦権は、これを認めない。

つまり、日本は、少なくとも自ら戦争をしたり、他国に攻め入ったりすることはしないと国内外に宣言している。

しかし、絶対に日本が攻められないという確証はどこにもない。したがって、わが国は、自国の防衛のために自衛隊を持つと共に日米同盟を結んでいるのである。

しかし、戦争はないほうがよいに決まっている。戦争という最も悲惨な現実を回避するために、国家として、最大限、戦争を回避する義務がある。

そのための大きな施策の一つが、国際協力活動である。国際支援を行うことで、相手国と友好関係を結ぶことが安全保障につながるのだ。国家間交流のなかで相手国の望む支援を継続的に実施したり、災害時の救援活動を素早く実施したりすることで、信頼関係に基づく友好関係を強化することができるのである。特に、日本が位置するアジアには多くの開発途上国がある。わが国が、アジア諸国との友好関係を強化する意味でも国際協力は必要不可欠な活動である。

今まで日本人は、あまりに世界情勢や戦争に対する意識が薄い、あるいは甘かったのだ。戦争に対する危機意識をある程度持ちつつ、回避にむけた努力を続けていくことが大切である。

3　国際協力のあり方

(1) 人権の視点

国連開発計画では、人権を「人権は、自由と尊厳のある生活をするために、すべての人によって、つまり共に人間であることによって、所有されている権利である」と定義している。

人間は、生きる権利や教育を受ける権利、自分の選んだ宗教を信じる権利、自分の選んだ職業で働く権利などを持っている。このことは、私たちにとって当たり前のことである。しかし現在も、開発途上国の多くは、人権が守られておらず、人権そのものの思想が国民にも為政者にも理解されていない国もある。

世界の全ての人々の人権が守られるようになるには、人類の一人ひとりの人権に対する自覚、信念に基づく行動がなければ実現できない。なぜならば、人権は自分自身の権利であり、自分の心の中に人権の知識や意識がなければ、人にいくら与えられてもそれは自分の人権とはなり得ないからである。その意味において、人権そのものの教育が不可欠である。「人権とは何か」、「人権こそが自分の人生や他人の人生を豊かにし社会をよりよくする基本である」ということを教育することが重要なのである。しかし、世界には、自分が人権を有しているということすら知らない人々がたくさんいる。そういう国家や地域では、人権を無視した慣習や制度が多く残っているのだ。

このような状態にある開発途上国や民主的社会を実現していない国家や地域では、人権教育に関する国際協力が必要となる。

また、非民主的な政治や独裁者によって、暴力的に人権が奪われたり抑圧されたりしている国や地域がある。このような社会では、抑圧された人々だけで人権を勝ち取ることは、不可能に近い。民主化を果たし人権が確立している国は、このような国や地域に対して人権を実現させ保護するための支援をする義務がある。時には、人命を助けるために行動しなければならないこともある。

人権は、私だけのものではない。全ての人々に対して人権が実現し守られてこそ真の意味での人権が確立されたことになるのだ。その実現を目指して国際社会が人権の立場でお互いを見守り支援していかなければならないのである。

それでは次に人権に基づく人間開発について考えてみよう。

人間開発の基本は、人間が豊かな生活と自由を享受することであり、そのための能力を向上させていくことにある。そして、自分が生きたいように生き、自分の運命を選択する機会をもつことが大切である。

国連開発計画（UNDP）が定めた「人間開発指数」は、長命で健康な生活、知識、人間らしい生活水準の三つの側面から捉えられている。つまり、人間開発を推し進めていくには、長生きで身体的、精神的、社会的に健康な生活を送り、様々な教養や専門的な知識を身に付け、ある程度の収入を安定的に得て、自由で豊かな暮らしを維持するための能力を国家、地域、個人に備えさせていかなければならないということになる。

このことは、その方向性や内容においても、先に見た人権を実現させていくということと軌を一にするのである。つまり、国際協力は、人権の実現を目指して推進すべきであり、そのことが人間開発につながる。この人権と人間開発の活動がコラボレートすることが、双方の発展と新たな展開につながっていくのである。

実際に行われている国際協力のなかにも、人権に根ざさない国際協力がある。たとえば「押しつけの支援」、「人の自由を奪う支援」、「一部の利益者のために不利益を被る人間を生み出す支援」などである。このような支援では、開発途上国の人々の「人間開発」にはつながらず、彼らが豊かで自由な生活を獲得することはできない。

国際協力活動は、人権に基づいたものかどうか、常に検証されながら行われなければいけない。もう少し言えば、人権を行使するということは他者に対して影響を与えるということであり、権利が行使できるということはその環境が他者によって整備されているということである。また、人権が守られるということは、他者が守ってくれているということである。したがって、人権を獲得し、守ろうと思えば、自分の信念に基づき、他者と協力し、共に行動していかなければ実現しないということである。この立場が国際協力にも、求められるのである。国際協力の協力という言葉は、言葉の意味からして一方的なものではない。人間開発は、お互いの協力のなかで作り上げていってこそ実現可能なのである。

（2）依存から自立

開発途上国への支援を行う際に、考えなければいけないことに自立という問題がある。

①自立と自由

前項で述べた「人の自由を奪う支援」を基に自立と自由について考えてみよう。

人の自由を奪おうとして支援することはない。しかし、知らず知らずのうちに、あるいは結果として相手の自由を奪っている場合がある。それは、相手の自立を促さない支援である。支援する側が、一方的に押し付けた支援、はじめから決められたプログラムを実行する支援をすれば、相手の「自分で考える自由」、「自分で決定する自由」、「自分で実行する自由」などを奪うことになる。自分で考え、自分で決定し、自分で実行するということは、言葉を換えれば、自立するということである。相手の自由を尊重しない支援は、自立を促さない支援ということになる。

②自立のための支援

開発途上国に対しての支援は、緊急援助、たとえば大災害時の救助や災害医療活動、あるいは大飢饉に際する食糧支援などを除いて、原則として自立を促す支援でなければならない。そのためには、まず、金や物の支援を控え、技術や教育支援を中心にすることが重要である。なぜならば、お金は使えばなくなるし、物はいつかは古くなって使えなくなるか、壊れる。そうなると、支援する側は、金がなくなればまた金を、物が壊れればまた物をということで支援し続けなければならない。一方、支援を受ける側は、支援をしてもらえることが当たり前になり、支援を受けることで社会を成立させていくようになる。これは、まさに依存状態の恒常化である。

このような状態が続くと支援する側はいずれ支援疲れをおこし支援を打ち切ることになる。そして、支援を受ける側は、途方に暮れることになる。このことは、支援する側も支援を受ける側にとっても非常に不幸なことである。実は、このような物と金の支援が、過去幾度となく繰り返されてきたのである。

それでは、技術や教育支援がなぜ自立につながるのであろうか。それは、技術や教育は、学習する方がそれをいったん身に付ければ、なくならないからである。たとえば、身につけた技術によって、物を生産して収入を得ることができるのだ。また、教育を受けることによって、思考能力が高まり、広い世界観、人生観を築くことができ、職業の選択肢が増え、高い収入を得る機会も多くなる。そうなると支援される必要性がなくなり、自立の道を歩むことになり、自由な生き方、将来設計が可能になるのである。ただ、技術や教育の支援は、その効果が目に見えるようになるためには、長い年月がかかる。特に教育は一〇年単位でしか効果が現れない。したがって、いまだにとりあえずの効果が見えやすい物や金の支援が多く行われているのが現状である。

国際協力の目的は、開発途上国へ支援すること自体ではない。支援を通じて、開発途上国が自立し、自由を手にするために行うのである。そのためには、支援のあり方、過程を間違ってはいけない。

参考文献・資料

（1）前林清和『国際協力の知――世界でボランティアを志す人のために――』昭和堂、二〇〇七年。
（2）前林清和「殺人あるいは救命について――ボランティア哲学構築をめざして Ⅰ――」『NGO活動研究』3-2、二〇〇五年。
（3）藤田隆正『新・倫理考――「分かち合い」の発見』晃洋書房、二〇〇七年。
（4）外務省ホームページ。http://www.mofa.go.jp/
（5）デカルト（桂寿一訳）『哲学原理』岩波書店、一九八五年。
（6）湯浅泰雄『身体』創文社、一九七七年。
（7）国際通貨基金ホームページ。http://www.imf.org/
（8）農林水産省ホームページ。http://www.maff.go.jp/

(9)　経済産業省ホームページ。http://www.meti.go.jp/

(10)　世界銀行ホームページ。http://www.worldbank.org/

第10章　国際論 Ⅱ

はじめに

本章では、前章を受けて、地域紛争について取り上げ、その社会的背景について考え、それに対する国際社会の取り組みについて見ていくことにする。

人間の歴史は、戦争や紛争の歴史でもある。地域紛争ということで、世界を見渡せば、冷戦時代よりはるかに多くの紛争が起きている。冷戦時代は、アメリカ対ソビエトというイデオロギーに根差した対立の構図に世界のほとんどの国が組み込まれ、地域が抱える民族や宗教などの争いは押さえ込まれていたため、地域や民族ごとの紛争はあまり起きなかった。しかし、ソビエトの崩壊により世界のバランスが崩れたため、それ以降多くの地域で紛争が頻発しているのだ。主な原因は、冷戦構造の影響による不安定状態、領土問題など地域覇権を意図したもの、石油などの利権がからんだもの、民族対立や宗教問題を巡るものなどである。

昔の戦争は、軍隊対軍隊の戦いであった。一般人は戦争に巻き込まれたり、戦争で犠牲になったりすることはほとんどなかった。したがって、死傷するのは兵士たちに限られていた。しかし、第一次世界大戦で、近代兵器、大量破壊兵器を駆使するようになり、それ以降の戦争では多くの市民が犠牲になるようになった。

さらに、冷戦以降の紛争は、国対国の戦いに限られたものではなく、国境をまたがる民族対立や宗教問題による紛争が増えており、既存の国家の枠組みが機能しない場合が多い。そのため、国際法を無視した戦闘が増加し、無差別攻撃によってさらに多くの民間人が犠牲になるようになった。特に、反政府軍と言われる軍隊は、正式な軍隊ではなく兵士も民兵であり、軍隊としての統率も怪しく、兵士と言っても、ある時は兵士、ある時は民間人というように境目ははなはだ曖昧である。したがって、このような紛争では、軍隊同士の戦いという軍事的問題を越えて、その地域や住民の全てを巻き込んだ戦いとなり、人権や人道的な問題が数多く発生している。さらに、紛争に伴い多くの難民が発生し、紛争終結後も、難民問題があとを引いている。

二〇〇一年九月一一日の同時多発テロ以降、アメリカはアルカイダをはじめ世界のテロ組織に対する戦いをはじめた。以来、イラク問題は、アメリカ軍との対立およびイラク内の宗派対立が入り交じりながら泥沼化の様相を呈している。

1　世界の地域紛争

（1）世界の紛争状況

現在も、世界中の四〇カ所以上の国や地域で紛争が勃発し、数えきれないほどのテロが起きている。それらは開発途上国に多く、特に中東、アフリカ、東南アジアにおける地域紛争やテロが目立つ。つまり、世界でも貧しい地域を中心に、それに拍車をかけるように紛争やテロが多発しているのである。

中東では、二〇一〇年に始まった「アラブの春」と言われる民主化運動がアラブ諸国に広がった。まず、アフリカのチュニジアにおいて大規模なデモが発生し政権が倒れ、同じような独裁的な政治体制を抱えるアラブ諸国に広がり、エジプト、イエメン、リビアにおいても相次いで政権が打倒されたが、今も混迷した状態が続いている。さらに、シリアでは内戦が長期化し、そこへＩＳ（イスラミックステイト）が加わり、紛争が泥沼化し、多くの死者と難民を生んでいる。また、イラクにおいてもＩＳとの闘いが激化している。一九四八年から続くパレスチナ紛争は、未だに解決しないで流血の抗争を繰り返している。

アフリカでは、ナイジェリアにおいてイスラム過激派の「ボコ・ハラム」が殺戮を繰り広げている。中央アフリカや南スーダンでも、内戦が続いている。

ヨーロッパ・ロシア地域では、二〇一四年にロシアがウクライナのクリミアを一方的に併合し、その後もウクライナ東部で軍事衝突が続いている。また、チェチェン紛争をはじめキルギス民族紛争、グルジア紛争などロシアが関係した戦いが各地に起こっている。

アジアでは、中国が一方的に領有権を主張する南シナ海でフィリピンやベトナムと衝突を起こしている。また、チベットや新疆ウイグル自治区問題など多くの武力衝突を起こしている。また、ミャンマーではラカイン州の民族対立が激化している。

さらに、二一世紀にはいり、アメリカの同時多発テロ以降、多くのテロ組織が生まれ、無差別的なテロ活動を展開している。今や、世界中、いつどこで流血の惨事が起こるか分からない状態になっている。特に、ＩＳ、ボコ・ハラム、アルカイダ、タリバンなどが過激な活動を行っている。

わが国は、第二次世界大戦後七〇年間、武力紛争に巻き込まれていない数少ない国と言える。しかし、日本も複数の係争問題を抱えており、中国との間の尖閣諸島問題、韓国との間の竹島問題、ロシアとの間の北方領土問題は未だに解決の糸口さえ見えておらず、決して手放しで平和ということではない。

表10－1　主な地雷埋設国

アンゴラ	（アフリカ）	約1,500万個
アフガニスタン	（中東）	約1,000万個
イラク	（中東）	約1,000万個
カンボジア	（東南アジア）	約400万～600万個
ボスニア・ヘルツェゴビナ	（欧州）	約300万～600万個
ベトナム	（東南アジア）	約350万個
クロアチア	（欧州）	約300万個
モザンビーク	（アフリカ）	約300万個
エリトリア	（アフリカ）	約100万個
スーダン	（アフリカ）	約100万個
ソマリア	（アフリカ）	約100万個
エチオピア	（アフリカ）	約50万個

（出所）　ピースボートホームページより．

(2) 地　雷

現在の紛争では、多くの一般人が犠牲になっているが、そのなかでも地雷は「悪魔の武器」として恐れられている。

地雷とは、地面に埋設、あるいは地上に見えないように設置される兵器用の爆弾の一種である。人や車両などがその上や、近距離を通過したことを感知して爆発する。

① 地雷の特徴

地雷は、大きく分けて、「対戦車地雷」と「対人地雷」がある。

対戦車地雷は、戦車をも破壊する威力がある。それに対して、対人地雷は、小さな破壊力の爆弾である。なぜならば、その目的は、殺すことよりもむしろ負傷させることにあるからだ。戦闘中、殺してしまえば一名分の戦力を奪うだけだが、負傷させれば、負傷者のほかに二名の救助者が必要となるため三名分の戦力を減らすことになる。

地雷は、非常に安価であり、一個三ドル程度の物もある。その安さから開発途上国の軍隊や反政府ゲリラなどにとっては、非常に有効な武器として多用されている。

また、地雷は半永久的に機能する。そのため、地雷埋設地、あるいは地雷埋設が疑われる地域は、通行や立ち入りが禁止される。除去するのは非常に困難であり、戦争や紛争が終結したあとも、地域住民に対して多くの被害を与え続け、復興や開発を妨げる大きな要因となっている。

図10－1　埋設された対人地雷（カンボジア，ポイペト．壱東篤氏撮影）

②地雷の埋設状況

現在、世界には、一億から一億五〇〇〇万個の地雷が埋設されていると言われている。一方でアメリカの国防省が二〇〇一年に発表した数は四五〇〇万個から五〇〇〇万個とされている。実際の埋設数は、確定しておらず推測の域を出ないのが現状である。しかし、ここで、重要なことは、正確な埋設数ではなく、どれくらいの被害があるかという問題である。現在、七九カ国と八地域が地雷問題を抱えている。

③地雷の被害

地雷は、戦争時だけではなく、戦争や紛争が終わった後、一般市民が被害にあうことが多くなる。被害者の八〇パーセントは非戦闘員であり、しかもそのうちの三〇パーセントが一四歳以下の子どもである。

地雷によって、毎年二万五〇〇〇―二万七〇〇〇人が被害にあっている。これは、一日あたり七〇―八〇人にも及び、約二〇分に一人が地雷の被害を受けていることになる。

しかも、被害者の約五〇パーセントは死亡している。もともと地雷は、負傷を前提とした兵器であるが、それはすぐに治療してのことである。また、子どもの死亡率は大人と比べてきわめて高い。なぜならば、大人の身長で足が吹っ飛ぶということは、子どもでは胴体まで及ぶということである。また、助かっても感染症などにより死亡するケースが五割もある。

さらに、被害者の多くは貧しい人々であるが、多額の治療費がかかり、仕事も得られず、生涯にわたり経済的負担がのしかかるのである。

(3) 難　民

① 難民の歴史

難民とは、簡単に言えば政治的弾圧、虐殺、紛争、災害などによって本来の居住地を離れざるを得なくなった人々のことである。

国際社会において、難民が問題視されるようになったのは、第一次世界大戦後である。ロシア革命やトルコ帝国の崩壊などによる政治的・社会的な構造の変化に伴う混乱や虐殺を恐れて外国へ逃れた「難民」が続出した。さらに、第二次世界大戦によって難民問題は深刻化していった。特に、ナチスドイツによるユダヤ人大虐殺から逃れようとユダヤ難民が大量に発生した。第二次世界大戦後もイスラエル建国にともない追放されたパレスチナ難民や旧ユーゴスラビアの民族紛争による難民など、難民は常に世界各地に存在する。なぜならば、大規模な戦争や紛争を契機に難民問題が生じるからである。

第二次世界大戦が終わり、国際連合が設立されると、難民問題についても論議され、国連難民高等弁務官事務所（ＵＮＨＣＲ）が、一九五〇年に設立され、翌年一月より活動を開始した。またそれに続いて国連において、一九五一年、「難民の地位に関する条約」が制定された。

②　難民とは

「難民の地位に関する条約」では、難民は、「人種、宗教、国籍、政治的意見やまたは特定の社会集団に属するなどの理由で、自国にいると迫害を受けるかあるいは迫害を受ける恐れがあるために他国に逃れた人々」と狭義に定義されているが、近年は政治的な迫害だけでなく、武力紛争や人権侵害などを逃れるために国境を越えて他国に庇護を求めた人々をも指すようになっている。さらに、最近では、「国内避難民」も増加しており、国連難民高等弁務官事務所（ＵＮＨＣＲ）では、援助対象者として、難民、庇護希望者、国内避難民、帰還民、無国籍者などを含めて支援を行っている。

③　難民の現状

二〇一四年一二月現在、ＵＮＨＣＲの「援助対象者（people of concern）」は世界で約五四九〇万人であり、過去最高である。それに、国連パレスチナ難民救済事業機関（ＵＮＲＷＡ）が救済事業プログラムを実施しているパレスチナ難民の五四九万人（二〇一四年現在）をあわせると六〇〇〇万人以上の難民が存在する。さらに、そのうち五一％は一八歳未満の子どもであるという。

難民は、生命の危機にさらされ、衣食住に窮し、極めて厳しい環境の中、教育を受けられず、病気になっても治療も受けられない状態にあり、極めて深刻な人権侵害の状態にある。また、難民を受け入れる国も、多くは開発途上国や紛争に関わっている国であり、自国の経済破綻という危機的状況も含めて難しい対応が迫られる。したがって、難民の受け入れ問題は、受け入れ国の問題に留まらない。国際機関の迅速な対応が、必要である。

図10－2　ベルリンの壁の崩壊

2　地域紛争の背景

（1）冷戦とその後

私たち人類は、今世紀に入り、第一次世界大戦、第二次世界大戦というそれまでにない世界規模の戦争を経験した。戦後すぐに、世界は東西冷戦を迎えた。冷戦とは、「実際に砲火を交えないが、戦争状態にある国際情勢」のことで、資本主義・自由主義を掲げるアメリカ陣営と共産主義・社会主義を掲げるソビエト陣営に分かれて対立したのである。

その間に、兵器の開発が進みアメリカ、ソビエトを中心に両陣営とも強大な軍事力を持つようになった。特に、米ソが核抑止論に基づく核軍拡競争を行ったことで、核兵器開発競争がエスカレートし、一時は両国が保有する核兵器は約七万発にも及んだ。その後、国際社会は、核軍縮に力を傾けるようになったが、核保有国はいまだに核兵器を持ち続けている。現在も、ロシアが約一万六〇〇〇発、アメリカが約一万発もの核兵器を所有している。

一方、一九七〇年代に入ると、東西の対立関係は次第にデタントに向けてシフトし、一九八〇年代になると、資本主義経済が世界を席巻するようになった。そして、一九八〇年代後半、東欧に民主化の波が押し寄せ、一九八九年、ベルリンの壁が崩壊し、東西ドイツが統一され、その年に冷静が終結した。さらに、一九九一年にソビエト連邦が崩壊した。それと前後して多くの東側陣営の国々が自由主義体制に変わった。それまで世界を二分していたアメリカとソビエトによる勢力図は姿を消したのである。

冷戦終結した当初、世界中の多くの人々が世界に平和が訪れたと歓喜し、多くの識者も、平和の到来を唱えた。しかし、アメリカの一人勝ちの世界になると、それまでの世界秩序が崩壊し、一〇年ほどの間に旧ソビエトや中東欧を中心に多くの民族主義を背景にした地域紛争が多発した。そして、二〇〇一年九月一一日、アメリカ同時多発テロ事件発生以来、世界各地で、多くのテロ集団によるテロが頻発し、アメリカを中心としたテロとの戦いが泥沼化している。

(2) 宗教・民族対立

東西冷戦が終結したことで、東西両陣営のどちらかに加わっていた多くの開発途上国や地域は、身の置き場を失うことになった。旧ソビエト側の国々はロシアからの援助がなくなり、アメリカ側の国々もアメリカからあまり援助がこなくなり、急速に経済状況が悪化した。そうなると開発途上国の人々のなかで富の奪い合い、貧富の差の拡大がおきて、元々あった民族間の争いや宗教の違いによる対立が表面化するようになった。

特にアフリカは、地図で見てもわかるように国境が緯度や経度に沿って直線的に引かれている。これは、一八八四年から一八八五年にかけてドイツ帝国のベルリンで行われた「ベルリン会議」で、列強国によって机上の地図の上で定規を使って引かれた国境線なのである。したがって、国境を隔てて同じ民族が分布していたり、国内に本来別々の国家になるべき対立する民族が共存していたりする場合が多々ある。そのため、冷戦というタガが外れ、経

図10－3　アフリカの地図と国境線

（出所）　経済産業省ホームページを基に修正.

済的にも困窮してくると必然的に各地で民族紛争が勃発し宗教対立が激化していった。

たとえば、アフリカでは一九九〇年から四年間続いたルワンダの内戦によって少なくとも八〇万人が虐殺された。ルワンダでは、以前から多数派のフツ族と少数派のツチ族が対立してきた。一九九四年、フツ族強硬派によるツチ族の大量虐殺が起こり、わずか一〇〇日足らずの間に五〇万人から一〇〇万人のツチ族が虐殺されたと言われている。

また、ヨーロッパでも各地で紛争が起きた。たとえば、一九九三年までに分裂崩壊したユーゴスラビアの紛争は民族間、宗教間の争いとしてその後も憎しみの連鎖が続いている。さらに、ロシアでは、チェチェンなどの少数民族が独立闘争を起こし内戦へと発展した。この内戦はロシア軍による圧倒的な火力で制圧されたが、追い込まれた独立派はテロという手段をとり、対抗を続けている。

その他、中東では、パレスチナにおいて断続的に紛争が続いており、その他各地で、民族や宗教さらには、そこに政治的、経済的な思惑も交錯しながら紛争が頻発している。

ただ、虐殺が行われる場合、宗教間や民族間の対立ということだけでは起こらない。たとえば、ルワンダのフツ族によるツチ族の虐殺は、フツ族の支配層による「千の丘」というラジオ局を通じての洗脳と組織的なツチ族虐殺のための訓練を行った上で実行されたものである。

また、ユーゴスラビア紛争におけるミロシェビッチ大統領の「民族浄化」を目的とした大量殺戮についても、マスメディアが誇張した宣伝によってミロシェビッチを悪者にしたてた、という話もある。

このように、紛争や虐殺は、独裁者やマスコミなどによる煽動や洗脳が大きく関わっているのである。普通の市民が、時として殺人鬼と化すのである。人間とは弱いものであり、恐ろしいものである。そのことを自覚したうえで、如何にすれば、戦争や紛争をなくすことができ、平和を構築していけるかを問い続けなければならない。

(3) 先進国の兵器輸出

世界各地で起きている戦争や紛争に使われている武器は、どこが作っているのであろう。世界のほとんどの国は、兵器を生産していない。ほんの一握りの国が武器を作り、世界に売っているのだ。そのほとんどは、大国、先進国と言われる国である。

二〇一〇―二〇一四年の五年間の世界の武器輸出量のシェアをみるとアメリカが三一パーセント、ロシアが二七パーセント、中国が五パーセント、ドイツが五パーセント、フランスが五パーセント、イギリスが四パーセントとなっている。つまり、武器輸出国の上位六カ国の中に国連の安全保障理事会の常任理事国であるアメリカ、イギリス、フランス、ロシア、中国が全て入っているのである。

一方、武器輸入量のシェアをみるとインドが一五パーセント、サウジアラビアが五パーセント、中国が五パーセント、アラブ首長国連邦が四パーセント、パキスタンが四パーセント、オーストラリアが四パーセントとなっている。中国は、武器輸入でも世界の上位を占めているのだ。また、西アジアの国々が武器輸入の上位を占めている。

参考文献・資料

（1）宮本正興・松田素二編『新書アフリカ史』講談社、二〇〇七年。
（2）ピースボートホームページ。http://www.peaceboat.org
（3）経済産業省ホームページ。http://www.meti.go.jp/
（4）ストックホルム国際平和研究所『SIPRI年鑑二〇一五』二〇一五年。

第11章 国際論 Ⅲ

はじめに

この章では、前章に引き続き、世界に目を向けたときに大きな問題としてクローズアップされてくる貧困に焦点をあてて、考えてみたい。

私たちの暮らしが本当に幸せだろうか。毎日時間に追われ、仕事に追われている。少しぐらい生活に余裕があるから幸せである、とは限らない。逆に、貧しいから不幸だ、とも限らない。貧しくとも幸せに暮らしている人々は多くいる。しかし、貧しすぎると不幸がつきまとう。日本で暮らしていれば、死に至ることのない風邪や下痢で死んでしまう子ども、貧しさ故に売られていく女性や子ども、物心がついた時から物乞いしている人々、彼らは貧しさ故に自分ではどうしようもない不幸を背負っている。世界にはこのような貧困の中で生きている人々がたくさんいる。

1　貧　困

（1）貧困とは

国連開発計画（ＵＮＤＰ）は、貧困を「教育、仕事、食料、保健医療、飲料水、住居、エネルギーなど最も基本的な物・サービスを手に入れられない状態のこと」であると定義している。さらに、極度の、あるいは絶対的な貧困を、「生きていくうえで最低限必要な食料さえ確保できず、尊厳ある社会生活を営むことが困難な状態を指す」としている。つまり、貧しさの極致は満足に食べることができない状態である。しかし、食べられないという経済的な貧しさが貧困である、という単純なものではない。経済的貧しさは、貧困の一要素なのである。

国連開発計画では、人間開発指数（ＨＤＩ）を使い、人間の生活の質や発展の度合いを表している。この指数は、単に各国間の経済格差ではなく、生活の質や発展度合いを示すものである。具体的には、一人あたりの国内総生産と平均寿命、識字率、就学率を基本に指数化したものである。この指数は、生活の質を計るものであり、この数値が低いということは生活の質が貧しいということになる。

そして、この指数（ＨＤＩ）が、〇・八〇〇以上ある国を「人間開発高位国」、〇・五〇〇―〇・七九九までの国を「人間開発中位国」、〇・五〇〇未満の国を「人間開発低位国」という。

二〇〇五年の統計では、世界の中で「人間開発高位国」が七〇カ国、「人間開発中位国」が八五カ国、「人間開発低位国」が二二カ国である。

現在、世界中で九億近くの人々が、一日一・九ドルで生活していると言われる。つまり、世界で八人に一人が一日一・九ドル以下の生活をしているのである。ちなみにわが国の一人あたりの国民総所得は、四万六〇〇〇ドル程度であるから、一日に換算すると約一二六ドルになる。つまり、日本の人口の七倍もの人が日本人の六六分の一以下の所得しかない状態で生活しているのである。

(2) 貧困の悪循環

「開発途上国の人たちは、貧しいというが、貧しくとも頑張って働けば金持ちになれるのに、結局は怠けものが多いのだ」というような言葉を聞くことがある。しかし、国全体が、地域全体が貧しいとそう簡単に貧困から抜け

表11－1　人間開発低位国一覧

順位	国　名	順位	国　名
145	ネパール	166	トーゴ
146	パキスタン	168	ハイチ
147	ケニア	169	アフガニスタン
148	スワジランド	170	ジブチ
149	アンゴラ	171	コートジボワール
150	ミャンマー	172	ガンビア
151	ルワンダ	173	エチオピア
152	カメルーン	174	マラウイ
152	ナイジェリア	175	リベリア
154	イエメン	176	マリ
155	マダガスカル	177	ギニアビサウ
156	ジンバブエ	178	モザンビーク
157	パプアニューギニア	179	ギニア
157	ソロモン諸島	180	ブルンジ
159	コモロ	181	ブルキナファソ
159	タンザニア	182	エリトリア
161	モーリタニア	183	シエラレオネ
162	レソト	184	チャド
163	セネガル	185	中央アフリカ
164	ウガンダ	186	コンゴ民主共和国
165	ベナン	187	ニジェール
166	スーダン		

(出所) 『人間開発報告書』2014より作成.

出すことはできないのだ。なぜならば、貧困は先にも述べたように経済的な貧しさだけで形成されているわけではないからである。そのような貧困から抜け出せない状態を「貧困の悪循環」という。もう少し詳しくいうと「貧困の悪循環」とは、経済的に貧しい状態が長く続いていると、貧困が原因で食料や健康、教育、就業などに深刻な悪影響をおよぼし、それらがスパイラル的に関連しあっているため、いくら努力しても、貧困から抜け出せない状態をいう。

たとえば、収入の少ない若者がいたとすると、その若者はお金がないため、まともに食事もできずに栄養失調や飢餓状態に陥り、そのことで病気になってしまう。病気になったので仕事につけず、収入が不足して、貧しい生活を続けることになる。そのうち、まともに食事もできずに病気になり、仕事ができなくなり、収入がなくなる……。こうして貧困のスパイラルに陥ってしまうのであるが、一巡するたびに低所得状態は、前よりもさらにひどい状態になるのである。そして、それに続く諸問題も同様に、前よりも深刻化した状態になる。さらに、その若者に子どもが出来たとして、その子どもは親が貧しいから、学校に行けず、学校に行かないから読み書きそろばんといった基本的な能力が身に付かないままに大人になる。読み書きそろばんができないのでまともな仕事につけず収入が少ない。収入が少ないから栄養がとれず病気になり、失業する、というように世代を超えても、貧困の悪循環は続くのである。

このような悪循環は、貧しい人々の世帯のなかで起こると同時に、地域や国全体という大きなレベルでも起こるのである。この悪循環は、時間を経るほど問題を深刻化させる。このような状態になると、貧困から抜け出そうとしても、この悪循環を断ち切らなければ、いつまでたっても貧困のまま、あるいはさらにひどい貧困に陥っていくのである。

世界で貧困にあえぐ二〇億人以上の人々、さらにはその地域や国は、このようなスパイラルのなかで、貧しさのなかで、基本的人権を守られずに、時として生きる権利まで奪われているのである。また、貧困は、子どもたちが自分の能力を活かしたり、希望を持ったりすることをできなくしているし、またその機会も奪っている。

この貧困の悪循環を断つための方策が求められる。どこで、それを断つか。たとえば子どもたちに教育を施すとか、就職環境を整えるとか、貧困から脱出できるような支援が必要なのである。

2 貧困と教育

現在でも、世界には、貧しさや差別によって学校に行けず、文字の読み書きができない人たちが大勢いる。教育は、基本的人権の一つであり、全ての人間は十分な教育を受ける権利があるのだ。教育こそが、人間の可能性を広げ、それを実現させるために不可欠なものであり、それは個人の問題にとどまらず、社会や国、さらには世界を変え、発展させていく基本なのである。したがって、開発途上国の発展は、長期的にみれば教育を如何に充実させるかにかかっている。

(1) 識　字

識字とは、簡単に言えば「読み・書き」ができる能力である。ユネスコでは、識字を「日常生活で用いられる簡単で短い文章を理解して読み書きできること」と定義している。日本で暮らしていると、字が書けない人がたくさんいるという社会を想像できないが、世界には数多くの非識字者がいる。特に、アジアやアフリカの開発途上国では、識字率の低さが、最も深刻な問題の一つである。

文字が書ける、文字が読めるということは、単に日常生活に便利だということだけではなく、過去の情報（厳密には情報は全て過去のことである）を飛躍的に集めることができる。つまり、自分の今までの体験（過去の記憶）だけではなく、世の中で起こった様々な出来事や他の人間が考えたり体験したりしたことなどを本や新聞、書類から得ることができるということである。そして、収集した情報を系統だって分類・整理して、自分の考えや思いを頭のなかで理論的に構築していく能力も識字が身に付いていてこそである。

文字が書ける、読めるということは、人間の思考や行動、そして社会の構造を大きく変える力がある。

識字によって、人間は、「現在」、「此処」で生きているだけではなく、自分の体験を超えて「過去・現在・未来」、「此処・彼処・向こう」を生きることができるのである。

昔は、字が書けなくても、読めなくても、その地域の人々が自給自足で生きていれば、幸せに暮らせたのである。しかし、現在の世の中は、グローバリゼーションの潮流のなか、開発途上国も含め、世界全体が周りの国や地域との経済的文化的つながりによって成りたっている。したがって、それを断ち切って生活をすることはほとんど不可能である。そうなると相手が「読み書き」ができて、自分ができないというのでは、少なくとも対等な経済活動が成りたたない。平たく言えば、相手にだまされてしまう、ということである。事実、自分の土地や子どもをだまされて売買してしまった開発途上国の多くの人々がいる。また、だまされなくても、字が書けない、読めないということは、「現在」、「此処」にだけ生きている。つまり、目先の利益だけしか考えられないのである。先のことを考える力が弱く「今」、「此処」のことだけで判断してしまうことになるのだ。

（2）開発途上国の識字の現状

二〇一〇年の段階でのユネスコの推計では、成人非識字者の数は、世界で七億五九〇〇万人である。そのうち三分の二が女性といわれている。近年、ユネスコの寺子屋運動などで、識字率の改善がみられるが、まだまだ世界には多くの非識字者がいるのである。

識字率が低いのは、圧倒的にアフリカとアジアであり、中央・南アメリカがそれに続く。特に、南アジアとアフリカの西部地域の低さが目立っている。最も識字率の低い国では、一割代の識字率である。国民の五人に一人しか、文字を読んだり、書いたりできないという国がある。

(3) 学　校

開発途上国の子どもたちの就学状況について、見てみよう。世界には、働かなければならなかったり学校が近くになかったりして、学校に行けない子ども（六歳から一一歳）が、約七二〇〇万人もいる。

開発途上国では、たとえ小学校に入っても卒業できない子どもが多くいる。小学校に入学した生徒のうち五年生に在学している割合は、アフリカでは六割前後、南アジアでは八割弱である。貧しい家庭では、一〇歳前後の子どもは立派な働き手なのである。低学年は学校に行かせてもらえるが、高学年になると勉強をしたくても働かなければならないのである。

3　保健衛生・感染症

(1) 短い命

わが国の平均寿命は、約八四歳で世界一である。しかし、開発途上国では、私たちのように長く生きられない現状がある。

世界全体の平均寿命は、約七〇歳だが、先進工業国では七八歳であるのに対して、後発開発途上国では六一歳にとどまっている。世界で一番寿命の短いシオラレオネは、なんと平均寿命が四六歳である。私たち日本人には想像がつかない寿命である。

また、後発開発途上国では、子どもの死亡率も非常に高い。

五歳未満児死亡率をみると、後発開発途上国では、八〇にもなる。さらに、アンゴラでは、一六七にも上る。つまり、アンゴラでは、一〇〇〇人の子どもが生まれても、五歳になるまでに一六七人が死んでしまうのである。日本が三であるから、実にその約五五倍もの数の子どもたちが命を落としているのである。開発途上国では、多くの子どもが助かる命を奪われているのだ。

これらの原因の主たるものは、ほとんどが貧困による病気と劣悪な保健衛生にある。また、そのことにより、多くの感染症が憂慮される。

(2) 水と健康

水は、私たち人間には命そのものである。私たちは、その水を不自由なく使っている。しかし、このような生活を送れるのは世界の中でほんの一部の人間でしかない。世界中の多くの人々が水を手に入れるのに苦労しているのである。

その理由は、人口増加と貧困である。

まず、人口増加についてであるが、すでに七二億人を突破した世界人口は、二〇三〇年には八五億人に達すると予想されており、さらに水不足は深刻化していくことが予想される。

また、水を手に入れることに苦労し、洪水などの水害に苦しんでいる多くの人々は、開発途上国の都市に住む貧困家庭や、農村地帯に住む貧しい農家である。

世界で五人に一人、つまり一〇億人以上が安心して飲める水が手に入らない。これらの人々の多くはアジアとアフリカに集中している。

そして、多くの場合、衛生上安全な水ではない。後発開発途上国では、六七パーセントしか安全な水を確保できないでいる。つまり、一〇人に三人はきれいな水を飲めないのである。さらに、パプアニューギニアでは四〇パーセント、コンゴ民主共和国では四六パーセントという状況である。

次に公衆衛生の観点から水をみてみると、世界のなかで三人に一人は、トイレや下水道が使用できないのが現状である。しかも、トイレがあったとしても、その多くが排泄物を適切に処理しないまま河川や海に流されている。

開発途上国では、トイレが整備されていない地域が多い。たとえば、カンボジアの農村部に行くと、村にトイレが一つもないという地域が多くある。また、小学校にもトイレがないのが当たり前である。

こうした不衛生な環境で、開発途上国のすべての病気の八〇パーセントが水にかかわった病気であると言われる。そして、汚水が原因で推定で年間三四万人の五歳未満児が命を落としているのだ。しかも、死因の多くが下痢とい

表11－2　世界の5歳未満児死亡率（2013年）

	割合（%）
日　本	3
後発開発途上国	80
西部･中部アフリカ	109
世　界	46

（注）出生時から満5歳に達する日までに死亡する確率．出生1000人あたりの死亡数で表す．
（出所）『世界子供白書』2015年より作成．

表11－3　改善された水源を利用する人の割合（2012年）

	割合（%）
日　本	100
後発開発途上国	67
西部･中部アフリカ	65
世　界	89

（出所）『世界子供白書』2015年より作成．

表11－4　改善された衛生施設を利用する人の割合（2012年）

	割合（%）
日　本	100
後発開発途上国	36
西部･中部アフリカ	26
世　界	64

（出所）『世界子供白書』2015年より作成．

う、ありふれた、日本では死ぬことはほとんどない病である。このように深刻化し続ける飲み水や下水の問題は、生活の根本に関わる問題である。水の問題を避けて、開発途上国の貧困問題を解決することはできず、同時に貧困問題を解決せずして、水の問題を解決することはできない。

(3) HIV/エイズ

一九八一年にHIV/エイズが人類の前に姿を現わしてから、いまだ完治薬が開発されず、世界の人々にとって脅威となり続けている。特に開発途上国においては深刻な問題となっている。

現在、世界で推定三六九〇万人(二〇一四年)がHIVに感染しており、そのうち九割以上が開発途上国の人々である。現在、一分間に約三・八人が新たにHIVに感染しており、二〇一四年にエイズで亡くなった人は一二〇万人に上る。これは、二六秒に一人エイズで亡くなっていることになる。

特に、東部・南部アフリカにおけるHIV感染率は高く、感染率の上位一〇は、すべてこの地域である。しかも、その感染率は、スワジランドの二七・四パーセントを筆頭にほとんどが一〇パーセントを超えている。成人の四人に一人がHIVに感染しているという現実に対しどのように対処したらよいのか。国家の存亡がかかっている。

アフリカにおける平均寿命が特に低くなっている大きな原因が、HIV/エイズである。HIV/エイズの拡大によって多くの若い世代の人々が亡くなり、開発途上国、特にアフリカでの平均寿命が急激に下がっているのだ。HIVの感染率の高い国は平均寿命も極端に低くなっている。

HIV/エイズに関わる問題は国家単位では解決できなくなっている。国を越え、世界中で取り組まなければ解決できない。

4　貧困の背景

(1) 南北問題

南北問題とは、先進国（北）と開発途上国（南）との経済格差に起因する様々な問題を総括する言葉である。

一九五〇年代、アジアや中近東の国々が独立し、一九六〇年代にはいってアフリカ諸国が相次いで独立をした頃から、経済問題が表面化し、国際問題の一つとして捉えられるようになった。つまり、新しく独立した多くの国々は、政治的には独立したが経済的な困難を極めたのである。多くの開発途上国は、コーヒーや、カカオなどの特定の一次産品の栽培に依存し、その輸出に頼っている。これをモノカルチュアの経済構造（モノカルチュア経済）という。これは、多くの開発途上国が、植民地として宗主国を中心とした先進国向けの特定の食料、嗜好品、工業原料の生産に限定されていたことに起因している。

先進国の輸出する工業製品に比べて、一次産品の価格は大きく変動するため、モノカルチュア経済に依存している開発途上国の輸出額は常に増減し不安定である。このような輸出の不安定さが、開発途上国の経済開発を妨げる大きな原因になっている。

また、農産物の場合、その多くがプランテーションで生産された商品作物であり、輸出によって外貨を稼がなければならない。したがって、商品作物が農業のほとんどをしめ国内で必要とされる食物の生産が疎かにされている場合、自然災害などが起こると、たちまち飢饉に見舞われることになる。その結果、独立はしたものの経済的に安定し、発展を遂げた国はほとんどなかった。

この南北の格差を是正しようということで、様々な思惑のなか、北から南へと支援が行われた。東西対立のなか、米ソは、競うように開発途上国を自陣営に取りこむ手段として、アフリカを中心とする第三世界の国々への援助を繰り広げた。また、国際連合も南北問題に積極的に取り組むようになり、開発途上国への支援を行うようになった。

一九六〇年代は、開発途上国の工業化にむけた支援が盛んに行われたが、結局、開発途上国内の貧富の差を増大させることになった。また、米ソや旧宗主国による従属的な貿易と投資は、南北の経済格差をさらに拡大することになった。

一九七〇年代は、貧困層や子ども、女性などの社会的弱者を対象に農業、教育、医療、保健衛生などに対して支援活動が活発に行われるようになり、一定の成果をあげるようになる。

しかし、一九八〇年代は、中南米を中心に大規模な金融危機に見舞われ、累積債務が膨れ上がり、開発途上国は大打撃を受けることとなった。

その後、南北問題は解決されないまま東西冷戦の終結をむかえた。冷戦後、順調に近代化が進んでいた東南アジア諸国でも一九九〇年代後半、大きな通貨危機をむかえ、経済的に大きな痛手を被った。

二〇〇〇年代に入り、直後の二〇〇一年に起こったアメリカ同時多発テロ事件をきっかけに世界情勢は緊迫化し、経済も低迷した。

二〇〇八年、世界経済は一〇〇年に一度という金融危機に見舞われ、さらにテロや地域紛争などが頻発する開発途上国には、ほとんど経済活動ができない国や地域が多くあり、いよいよ南北の問題は深刻化している。

(2) 南南問題

南南問題とは、開発途上国間、つまり南半球と南半球（南南）の経済格差とそれによって生ずる様々な問題を表す言葉である。つまり貧しい国々のなかの経済格差を示したものである。一九八〇年代以降に表面化してきた。

開発途上国のなかでも、産油国などの資源保有国と非資源保有国との間には、経済発展において決定的な違いが生じてきている。

そもそも南南問題は、石油資源を有する開発途上国が結束して、一九六〇年に石油開発機構（ＯＰＥＣ）を創ったことに端を発する。ＯＰＥＣが原油価格をコントロールするようになると、石油は、今までのような先進国主導による安価な資源ではなくなり、産油国の国際的地位が飛躍的に向上し、経済的にも裕福な国家となっていった。このような流れのなかで、銅や鉄、アルミニュームの原料であるボーキサイトなど、資源保有国も輸出国機構を形成していき、資源保有国の多くが貧困から脱していった。それに対して、資源のない国々は、開発が進まず貧困が続くこととなった。

さらに、一九八〇年代になると人件費の安さを武器に工業化し、経済成長した開発途上国と紛争や政局の混乱、インフラ整備の遅れなどにより工業化できなかった開発途上国との間にも経済格差が生じるようになった。

このように、開発途上国のなかでも産油国などの資源保有国、あるいは新興工業国（中進国）と最貧国と呼ばれる後発開発途上国の経済格差は拡大し続けている。

（3）グローバリゼーション

グローバリゼーション（Globalization）とは、政治や経済、文化などが国境を越えて地球規模で広がることである。この言葉は、国家という概念から地球という概念への転換であり、国家を越えた地球の一体化である。したがって、文化や経済が地球規模で広がることにより、世界の発展や平和につながるという可能性を秘めている。しかし、最近は正の側面だけでなく負の側面が表面化してきている。

たとえば、世界各地の産業が地球規模の競争にさらされることによって、小規模な産業や企業がアメリカを中心とした大規模産業や多国籍企業に対抗できず潰れたり、吸収されたりしているのである。このことは、結果として、アメリカの価値観に基づくグローバリゼーションの拡大ということになる。一つの価値観や経済構造だけで世界全体がうまくいくはずはない。資金力があり、コンピュータやインターネットに代表されるような最新の設備や知識を持っている国や企業、人間だけが儲かることになり、世界の貧富の格差がますます広がっている。しかも、開発途上国の国内においても、所得水準の開きが大きくなり貧しい者と豊かな者とのギャップが国を不安定化させているのである。

(4) 差　別

人間の歴史は、差別の歴史でもある。なぜ人間は、差別するのだろうか。それは、人間が持つ価値判断能力と自己中心的心性があいまって生ずる行為である。つまり、人間は物事に「良い・悪い」、「好き・嫌い」、「優れている・劣っている」などの価値を与える。この価値観そのものは、差別ではない。しかし、往々にして人間は、このような価値観に基づき、自分や自分たちを他より優位な位置に置くために不当に他を貶めるのである。そのことによって、差別する人間は優越感に浸ったり実利を得たりするのだ。しかし、同時に差別される人間は、人間としての尊厳を奪われ、生活を制限され、命を危うくされているのである。

差別には、人種差別、性差別、宗教差別、カースト差別、障害者差別、職業差別、民族差別などさまざまな差別がある。ここでは、国際問題の観点から、人種差別、特に黒人差別と女性差別を取り上げてみよう。

① 黒人差別

大航海時代以降、イギリス人などのヨーロッパ人はアフリカ南部地域に住む黒人を暴力によって捕らえ、奴隷としてアメリカに売却した。彼らは人格を否定され、死ぬまで家畜のように働かされたのだ。黒人奴隷制度は、一八六二年にリンカーンによって奴隷解放宣言が発せられ、一八六四年に南北戦争が終結したのと同時に終わりを告げた。しかし、現実には、黒人への差別・迫害はその後も続いた。第二次世界大戦後、キング牧師らによって進められた公民権運動によって、相当改善されたが、現在でも黒人差別がなくなったわけではない。二〇〇九年、アメリカ大統領にオバマ氏が就任したことが、黒人差別問題の大きな転換期になることを期待する。

② 女性差別

次に、女性差別は、昔から世界中で行われてきたが、先進国を中心に改善されている。

ただ、開発途上国では、いまだに女性に対する不平等や差別を払拭できないため、女性が大きな負担をおわされ、男性に比べ、基本的な教育や情報、医療などを受けにくい状況にある場合が多くみられる。

国連開発計画では男女格差を表すジェンダー開発指数（GDI）を設けている。上位一〇カ国は、オーストラリア以外はすべてヨーロッパの国々である。それに対して、下位一〇ヵ国は、すべてアフリカの国々である。如何に開発途上国、特にアフリカにおいて女性の人権が守られていないかがわかる。ちなみに、わが国が一三位、アメリカが一六位である。

ジェンダーで、最も深刻な問題は、人身売買と売春である。現在、推定で、年間六〇―八〇万人が国外への人身売買の被害者となり、国外で強制労働させられて、その大半が性産業に従事させ

表11－5　ジェンダー不平等指数

順位	上位10カ国	順位	下位10カ国
1	スロベニア	143	コートジボアール
2	スイス	144	中央アフリカ
3	ドイツ	145	リベリア
4	スウェーデン	146	モザンビーク
5	デンマーク	147	コンゴ
5	オーストリア	148	マリ
7	オランダ	149	ニジェール
8	イタリア	150	アフガニスタン
9	ベルギー	151	チャド
9	ノルウェー	152	イエメン

（出所）『人間開発報告書』2014より作成.

られ性的搾取の対象となっている。その八〇パーセントが女性と女児で、未成年者の割合は、最大五〇パーセントに上ると考えられている。

また、多くの開発途上国では、男児選好の囚習から多くの女児が「消失」しており、アジアでは少なくとも六〇〇〇万人の女児が「消失」していると言われる。つまり、多くの女児が差別され、殺害され、遺棄されているのである。

そのほか、初等・中等教育の女子の就学率の低さ、女性器切除の悪習、児童婚の強制、思春期の女子の出産、女性のＨＩＶの高い感染率、ドメスティックバイオレンスなどの暴力、女性に対する低い労働賃金など、多くの女性差別が世界中に蔓延している。

差別は、貧困をまねく。特に一部の人に貧困を強いることになるのだ。豊かさも貧しさも分かち合うことが大切である。

参考文献・資料

（1）室井義雄『南北・南南問題』山川出版社、二〇〇〇年。
（2）国連開発計画『人間開発報告書』二〇一四年。
（3）国連人口基金『世界人口白書』二〇一四年。
（4）国連児童基金『世界子供白書』二〇一五年。
（5）第三回世界水フォーラム事務局『世界の水と日本』水資源協会、二〇〇二年。
（6）日本ユニセフ協会ホームページ。www. unicef. or. jp

第12章　地球環境論

はじめに

私たちは、人類が今までに経験したことのない危機に直面している。それは、地球規模の自然破壊による人類存亡の危機である。

地球環境の問題は、国ごとの問題を超えている。その証拠に、チェルノブイリ原発事故の際には世界中に死の灰が降った。また、毎年、わが国には中国から汚染物質が含まれた黄砂が降る。北極や南極の魚やクジラの体内から大量の汚染物質が見つかっている。あたりまえのことであるが、空と海は地球全体に広がっているのだ。国境で遮られているわけではない。

したがって、地球環境の問題は全世界の国々が共同して取り組まなければ、ほとんど効果がないと考えてよい。

本章では、地球環境の現状とその思想的背景について、考えてみたい。

1　地球温暖化

（1）温暖化の原因

温暖化の原因は、現在では人類の活動によるものだと考えられている。

地球の表面には、窒素や酸素、二酸化炭素などの大気が薄く取り巻いている。地球には、太陽光が降り注いでいるが、その太陽光は地表での反射や輻射熱として宇宙に放出される。しかし、大気が熱を吸収することで、急激な気温の変化が緩和され、地球の平均気温が摂氏一五度程度に保たれているのである。このように地球に温暖な環境をもたらしているのは大気中に含まれる二酸化炭素やメタン、フロンといったガスであり、これらを温室効果ガスという。

しかし、近年、その温室効果ガスが急激に増加しており、地球規模の気温の上昇をもたらしている。温室効果ガスの中でも二酸化炭素の影響が最も大きい。大気中の二酸化炭素の量は二〇〇年前と比べ三五パーセント程増加したと言われる。

これら温室効果ガスが急激に増加した理由は、一八世紀後半の産業革命以降、石油や石炭などの化石燃料の使用が増えたためである。世界の温室効果ガスの年間排出量は、増加の一途をたどり一九七〇年から二〇〇四年までの間に七〇パーセントも増加した。温室効果ガスの半分以上を占める二酸化炭素は、その多くが電気や加熱、輸送、製造や建設で使われるエネルギーによる。そして、その半分近くがＧ８の国々から排出されているのだ。

ＩＰＣＣの二〇〇七年の報告では、このままでは二一〇〇年の平均気温は、温室効果ガスの排出量が最も少ない場合に一・八度、最も多い場合には四・〇度上昇するとされている。

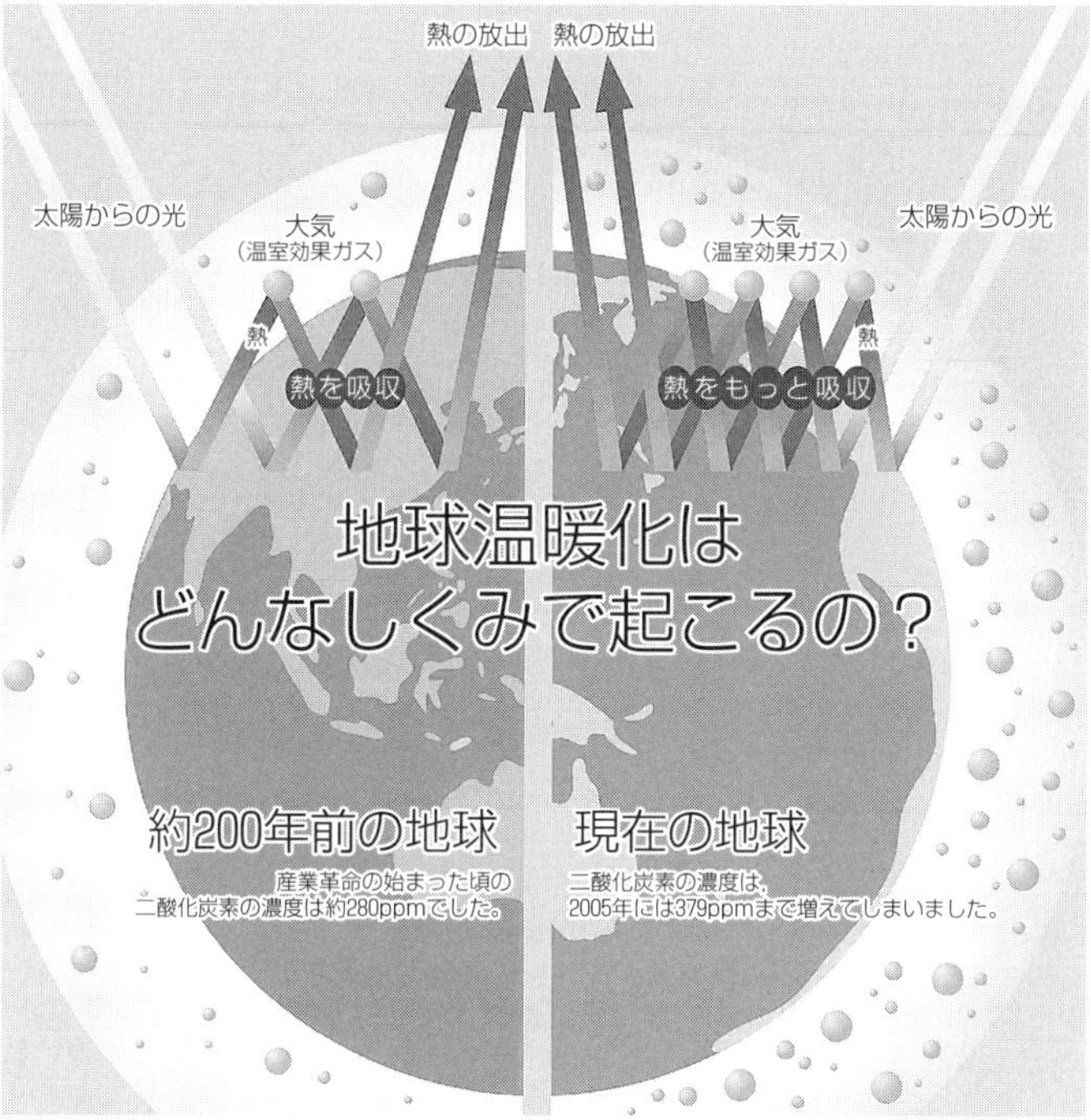

図12－1　温室効果ガスと地球温暖化メカニズム

（出所）IPCC 第4次評価報告書（2007），全国地球温暖化防止活動推進センターウェブサイト（http://www.jccca.org/）より．

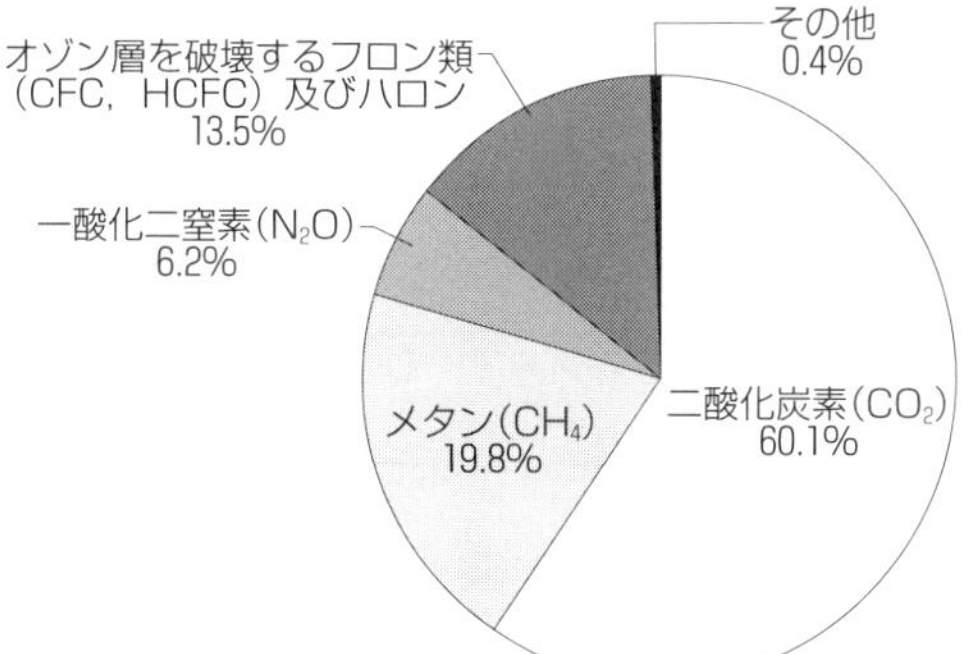

図12－2　温室効果ガスによる地球温暖化への寄与度

（出所）ＩＰＣＣ第3次評価報告書第1作業部会資料より作成（2001）．

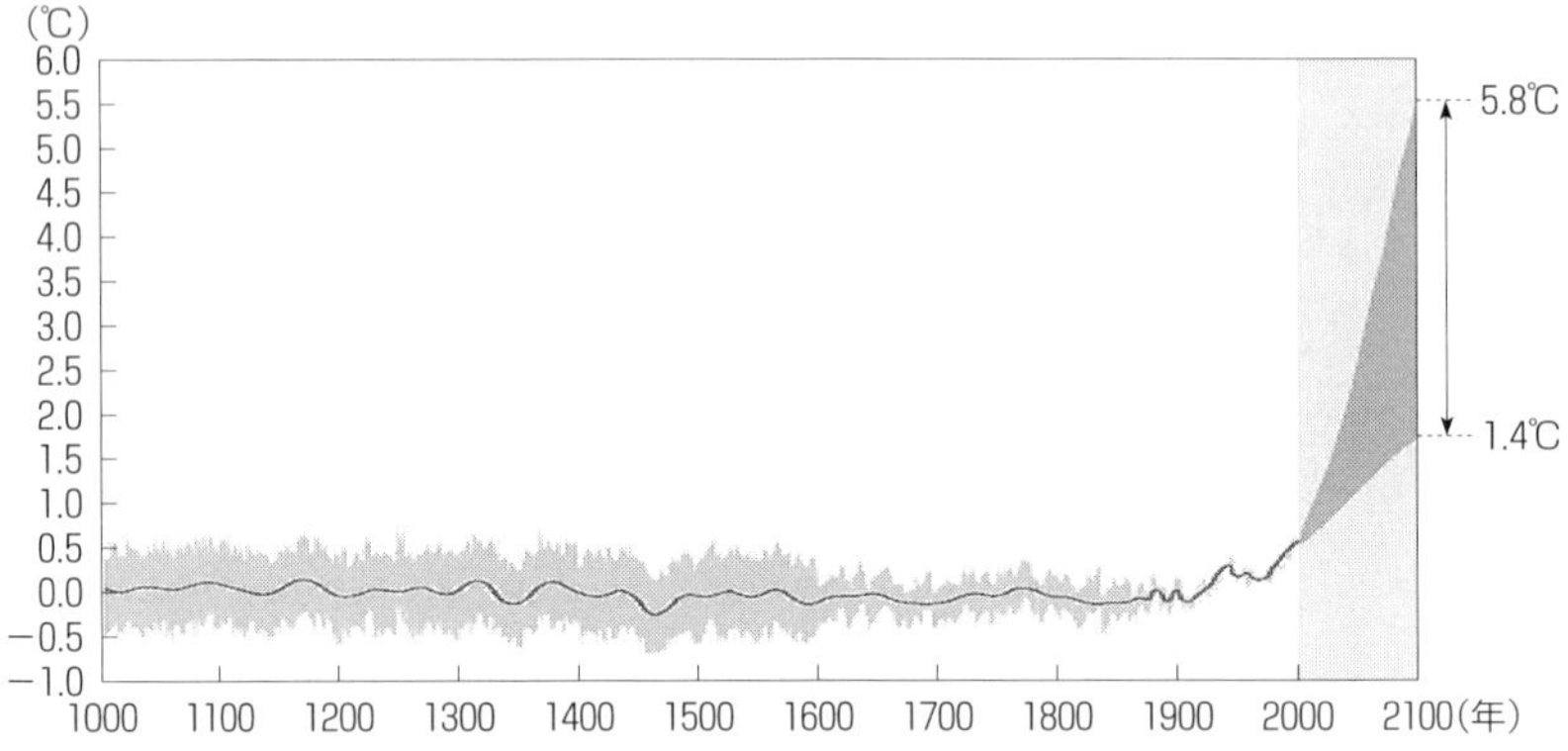

図12－3　1000年から2100年までの気温変動（観測と予測）

（出所）IPCC 第3次評価報告書（2001）.

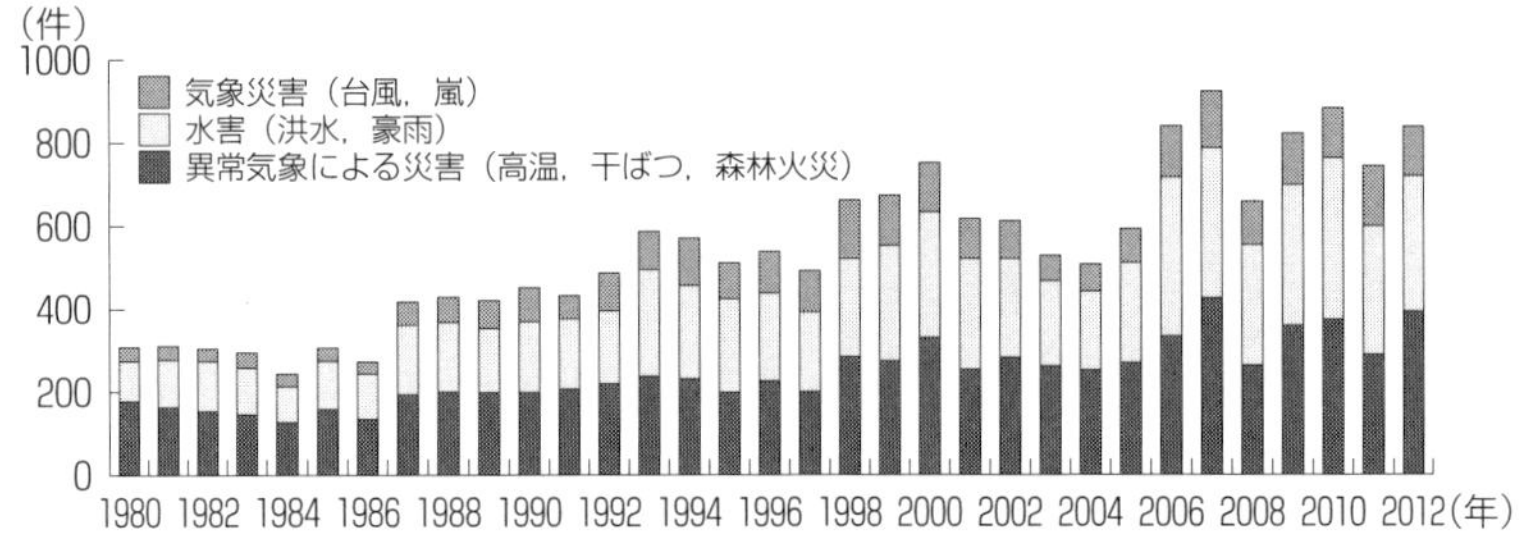

図12－4　世界の気象災害の件数（1980～2012年）

（出所）ミュンヘン再保険「Weather catastrophes worldwide 1980–2012」.

（2）温暖化による異常気象

近年、熱波や激しい降雨、洪水、ハリケーンなどの極端な気象現象により、多くの人命が失われ、広範な損害がもたらされている。これらの現象は温暖化によるもので、温暖化が進むと、さらに熱波が厳しく頻繁になり、持続期間が長くなる可能性が高い。

北半球のほとんどの中高緯度地域で夏は乾燥し、冬は湿潤になる。そのため夏は干ばつの危険性が増す。

降雨の量とパターンが大きく変化している。内陸部では乾燥化が進み、熱帯地域では台風、ハリケーンなどの熱帯性の低気圧が猛威を振るい、洪水や高潮などの被害が増大する。一方、気温が高くなるため大気中の水蒸気量が増え、夏冬とも強い降水現象が起こり、それにともなう洪水の危険性も高くなる。このように温暖化により、自然災害の頻度とその規模が拡大していくと考えられる。

（3）海面水位上昇

温暖化の影響で、懸念される一つに海面水位の上昇がある。海面水位は、地球温暖化の影響で海水温が上昇して起こる熱膨張と気温の上昇で起こる氷河や氷帽の融解、極域の氷床の融解によって上昇する。

具体的には、二〇世紀の一〇〇年間に、海面は約一七センチ上昇した。一九六三年以降、年平均一・八ミリの速度で上昇し、さらに一九九三年以降は年間約三・一ミリとより早い割合で上昇している。すでに、南太平洋諸国では、海岸の浸食が進み、水没の危機が迫っている。

今後、二一〇〇年までに、地球温暖化の影響で海水温が上昇して起こる熱膨張と氷河などの融解によって、海水面が一八—五九センチ上昇すると予測されている。さらに、グリーンランドの氷が融ければ七メートル海面が上昇すると予測される。今後数世紀の間にこのような事態になる可能性は低いが、もしそうなれば、ツバルやモルディブなどで国土の大半が水没する可能性がある。

（4）脅かされる水と食料、健康

現在でも人口の増加、灌漑用水の需要増加で水不足が問題になっているが、温暖化にともなう気候変化がその状況をさらに悪化させる可能性が高い。干ばつや洪水は、飲料水や工業用水、農業用水の安定供給を脅かすことになる。特に、上水施設や貯水施設、節水技術を持たない開発途上国では深刻な水不足が懸念される。開発途上国の水不足は、農業生産や食料安全保障の維持を困難にすることは明白である。また、温暖化による病害虫の増加で農業生産が大幅に減少し、深刻な食料難を招く恐れがある。現時点でもすでに課題を抱えている開発途上国の人々にとって死活問題となる。さらに、わが国自身が、食料難に直面することになる。なぜならば、わが国の食料自給率は、四〇パーセントを割っており、日本の食料危機は海外の食料問題と直結しているからである。

アフリカでは、二〇二〇年までに七五〇〇万—二億五〇〇〇万人が水不足に陥り、いくつかの国で天水農業の生産量が五〇パーセント減少する可能性があると言われている。また、アジアでも、二〇五〇年までに淡水利用可能性が減少するという。

温暖化は、病原菌や害虫の生息域を広げることになる。たとえば、マラリアなど熱帯性の感染症の発生範囲が広がる。将来、わが国でも、マラリアやデング熱が流行する危険性が指摘されている。

また、洪水などにより、飲料水が汚染され、腸チフス、赤痢などの伝染病が流行する危険が増し、貯留水は蚊などのマラリアやデング熱を媒介する生物の温床となる。

2　地球環境破壊

(1) 水質汚染

地球上にある水のうち約九七パーセントは海水であり、淡水は約三パーセントでしかない。このうち約七〇パーセントは南極や北極にある氷である。そして、実際に飲み水として使えるのは、全体のわずか〇・〇一パーセントに過ぎない。そのわずかな飲み水が減少しているのである。

その主な原因は、水質汚染である。水質汚染とは、人間の生活活動の増大や産業・経済活動の発展により、水質が悪化することである。水は、本来、自然循環のなかで浄化されるが、その浄化能力を超える有害物質や有機物が含まれるようになると、水質汚染が起こる。水質汚染が起こると、飲み水だけの問題ではなく、海や川に生息する生物すべてを汚染することになるのである。

そして、この水質汚染のほとんどは、生活排水や工業排水などの排水が原因とされている。その主なものは次の通りである。

(ア) 一般生活廃水などによる河川の水質汚染・水質汚濁
(イ) 工業排水などによる地下水の汚染、河川の水質汚染、海洋の水質汚染
(ウ) 汚染産業廃棄物や不法投棄などやし尿による河川水質汚染
(エ) 海上での船舶から流れ出る油の流出、船舶排水による海洋の水質汚染
(オ) 雪や雨などに空気中の大気汚染物質が含まれていることによる水質汚染
(カ) 農薬による地下水の水質汚染、河川の水質汚染

私たち人間は、飲み水がなければ、すぐに死んでしまう。また、それだけではなく、食事、トイレ、洗たくなど生活に水は必要不可欠である。さらに、農業、工業など生産活動に水は欠かせない。さらに、人間だけではなく、動物や植物も大きな影響を受ける。

世界の人口が増加するなか、水資源は限りがある。にもかかわらず、その水を汚染することで、益々、使える水を減らしていっているのが今の世界の状況である。水質汚染を如何に食い止めるかが、人類の早急の課題である。

水は、国境とは関係なく地球全体に循環している。日本だけで解決できる問題ではない。全ての国々、全ての人々の水環境を改善する意識と行動が望まれる。

（2）大気汚染

大気汚染とは、自然や人間によって作り出された有害物質により大気が汚染されることである。火山噴火や、私たちが生活で使用している自動車や工場の煙に含まれる汚染物質により空気が汚れることを指す。

汚染物質とは、窒素酸化物や粒子状浮遊物質、二酸化炭素のことを指し、これらの物質は地球温暖化を始め、酸性雨、光化学スモッグなどの原因になる。

人間は、呼吸をして生きている。つまり、大気を体内に出し入れしているのである。したがって、空気が汚染されていると、人間の健康に直接かかわることになる。しかも、水と同じように、いやそれ以上に、国境でくぎられるものではなく、地球全体の問題である。その証拠に、有害物質を含んだ黄砂が国境を越えて、毎年日本に降り注いでいる。

主な大気汚染物質とその環境への影響は次のとおりである。

(ア) 二酸化窒素（NO^{2}）

発生源は、ボイラーや自動車などである。二酸化窒素は、地球温暖化の主な原因であるとともに酸性雨の原因でもある。

(イ) 浮遊粒子状物質（ＳＰＭ）

空気中に浮遊している物質である。発生源は、工場のばい煙や自動車の排ガス、火山や森林火災などにより発生する。浮遊粒子状物質は、人体の健康に害をもたらし、呼吸器系疾患を引き起こす。

(ウ) 光化学オキシダント（O_x）

光化学オキシダントは、車や工場で排出された窒素酸化物や炭化水素類などの大気汚染物質が、太陽の紫外線により化学変化を起こしてできる大気汚染物質である。光化学スモッグの原因となり、目や喉などに悪影響を及ぼす。

(エ)二酸化硫黄（SO_2）

二酸化硫黄は、石炭や石油が燃焼したときに発生する大気汚染物質である。四日市ぜんそくは、二酸化硫黄による大気汚染が原因である。

(オ)一酸化炭素（CO）

一酸化炭素は石油などの不完全燃焼により発生する、無味・無臭・無色・無刺激な大気汚染物質である。少しの量で命を失うほどの有害物質である。

(3) 森林破壊

地球の地表面積のうち七〇パーセントが海洋、三〇パーセントが陸地である。そして、陸地の約三一パーセントを森林、二〇パーセントを草地が占めており、地球には緑の大地が広がっている。

森林は、CO_2を吸収することで地球温暖化を緩和してきた。

また、地球上の生物の五割から八割が森林に生息していると言われ、生態系の多様性を維持してきたのである。さらに、森林は、自然のダムとも言われるほど貯水能力があり、もちろん、そこから伐採される木材は私たちの暮らしに切っても切れないほど重要なものである。このように森林は、地球環境の保全と経済社会の発展に重要な役割を担うことで、人間に大きな恵をもたらしてきたのである。

その森林が急激に減少している。世界の森林面積は、約四〇・三億ヘクタールあるが、一九八〇―九〇年の間に年平均約一三〇〇万ヘクタール、一九九〇―二〇〇〇年の間に年平均約九四〇万ヘクタールが減少した。二〇〇〇年から二〇一〇年の間は年平均約五二〇万ヘクタールと減少量が少なくなったがいまだに森林の減少の進行は止まっていない。ちなみに五二〇万ヘクタールは、日本の国土の約一四パーセントにものぼる。特に深刻なのは、熱帯林の減少である。このままいくと、あと一〇〇年で森林は無くなってしまうと考えられている。

森林消失の原因は、次のようなものがあげられる。

①大量の木材利用による大量の商業伐採
②不適切な焼畑農業による原生林の焼失
③過放牧やプランテーションなどの大規模農地確保のための開拓
④地球温暖化による森林の枯渇、あるいは森林火災
⑤酸性雨による森林の荒廃

ところで、最も森林面積の減少量が多いのは、アマゾン川流域の熱帯林を有しているブラジルである。ブラジルは、世界の熱帯林の約三分の一を抱えている。そのアマゾンでは、牧畜や大規模農園の開発によりジャングルの伐採が急速に進んでおり、このままでは二〇五〇年までにアマゾンの熱帯林全体の四〇パーセントが消失すると予測されている。

(4) 砂漠化

砂漠化とは、草木に覆われた健康な土地が、雨が降らずに枯れ果て、乾燥し、不毛の土地になる現象のことをいう。

世界全体で砂漠化の影響を受けている土地は、約三六億ヘクタールにのぼり、地球の全陸地の約四分の一、世界の耕作可能な乾燥地域の約七〇パーセントにあたる。また、二億五〇〇〇万人以上が砂漠化の影響を受けており、約一〇億人が砂漠化の影響を受ける危険性があると指摘されている。

砂漠化は現在も進行中で、国連環境計画（ＵＮＥＰ）の調査では、毎年約六万平方キロメートルの土地で砂漠化が進行しており、将来的に砂漠の面積は今の三倍になるとみられている。

砂漠化が特に深刻な地域は、アフリカと中国である。その他、インドやヨーロッパ、オーストラリアでも砂漠化が進んでいる。

砂漠化の原因には、気候的要因と人為的要因の二種類がある。

気候的要因としては、干ばつがあげられる。つまり、乾燥帯の移動などの気候の変化による自然現象としての砂漠化である。一方、人為的要因としては、人口の増加にともなう過放牧や過耕作、塩害、森林伐採などによる植物の減少があげられる。植物が少なくなると風で土が飛ばされる風食や水で土が流される水食が起こる。その結果、緑の大地が荒廃してしまうのである。また、地下水の汲み上げ過ぎによる塩害も原因の一つと考えられている。

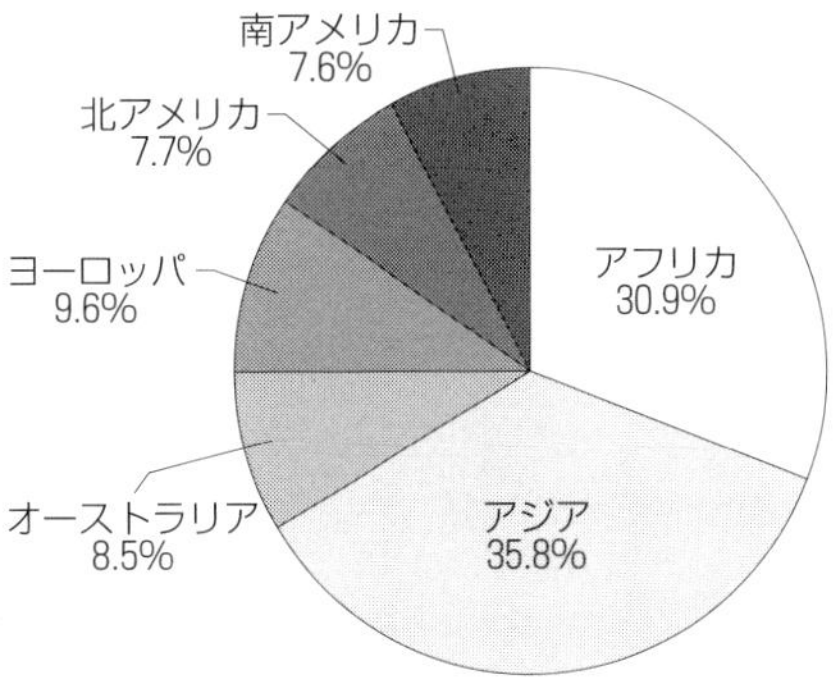

図12－5　砂漠化の地域分布

（出所）　外務省ホームページより．

3　開発の思想的背景

(1)　近代的世界観と文明の発達

人類が、文明を獲得してから約五〇〇〇年以上が経っている。その長い歴史のなかで文明は、この二〇〇―三〇〇年の間に、一気に加速的に発展し、近代化したのである。

その大きな要因は、近代科学と産業革命である。近代科学の発達は、実験や観察によって得られた新しい知識が、新しい技術へ応用可能であったことによる。その科学技術とヨーロッパ経済が結びついて産業革命が起こったのである。一八世紀中頃からイギリスで始まった産業革命によってヨーロッパは、農業を基盤とする社会から、工業を基盤とする社会へと移行していった。工場制機械工業の導入による産業の変革と、それにともなう農村から都市への人口移動や工場での賃金労働などの社会構造の変革により、世界を一変させたのである。それまで、人間は有史以来、その移動手段は最も便利な物が馬車であり、通信手段は手紙であった。それが、ほんの二〇〇年程度で、電気や電話、自動車、鉄道、飛行機、テレビ、コンピュータなどを手にすることができたのである。人類の長い歴史のなかで、ほんの最近になって、私たちの世界は非常に豊かになり便利になったと言える。

しかし、一方で、私たちは、科学技術を駆使して、自然を破壊してきた。それまで、手をつけなかった森や山を開発し、工場から大量の有害物質を出し、大気や川、海を汚染してきた。

近代科学技術誕生以来、人間の生活は著しく便利になったが、同時に自然は破壊され続けてきたのである。それでは、なぜ、これほどまでに急速に科学技術が発展したのだろうか。

その思想的根拠となるのが、デカルト（一五九六―一六五〇年）による機械論的世界観である。デカルトは、天文学や物理学の発達によって宇宙や地球の自然現象は全て数値化できると考えた。そして、この世界には、神や精霊などという主観的なものは実は存在せず、質量と距離で測定できる物質で出来ているという世界観を確立したのである。それでは、人間の心はどうなるのであろうか。デカルトは、人間のみが身体（物質）と精神の二つからなるとした。そして、物体は空間に立体として確かに存在する。それに対して、精神は、質量も距離もないから観察することができない。したがって、自分の精神を自分自身で主観的に知るしかないと考えた。ここでいう精神は、私たちが考える精神より狭い。デカルトが「我思う故に我有り」と述べたが、「自分で心とは何かと考える自分がいる」というように、考えることが自分の精神であり、それは思考や理性を意味するのである。なお、彼は、人間や動物にもある感情や感覚、本能というものは、むりやり精神ではなく身体の範疇に入れたのである。ここに神や精神とは全く別の物体としての二元論的世界観、機械的世界観が成立したのである。

では、なぜこの世界観が、近代文明を作り上げてきたのか。なぜならば、デカルト以前の世界観のほとんどが、物質には霊魂が宿っており、自然は生きているというアニミズムが支配的であった。このアニミズム的世界観を思想的に克服したのが、デカルト的世界観であった。精神と物質を原理的に全く別の物として区別したことにより、自然や自然現象を霊的なものから切り離し、人間の精神と身体を別々のものと捉え、それらを定量的・数学的に扱い、測定・実験することで世界のあらゆる事物を全て因果関係によって科学的に説明する態度と方法が確立したのである。そして、しだいに自然を物としてだけ捉えるようになったのである。そうなると人間の思うままである。物であれば人間が何をしようとかまわない。人間を苦しめる自然は、より暮らしやすいように科学の力で克服すればよい、という傲慢な思想が生まれたのだ。

たとえば、ヨーロッパの森や湖には妖精がいたし、日本の山には山の神、海には海の神、滝には龍神がいた。むやみに森の木を切ったり、山を壊したりすれば、罰が当たると信じられていた。しかし、自然は単なる物体でしかないとなると人間が何をしようが勝手である。罰が当たることもない。自然は人間によって克服できるものなのだ。そういうことで、人々は欲望の赴くまま、豊かさと便利さを求めて、自然を破壊し、改良して住処をふやし、町をつくり、工場をたて、交通網をめぐらし、さらにそこからでる廃棄物で自然を汚してきた。そして、自然と人間は、次第にかけ離れた別々の存在となっていったのである。

(2) 機械論的世界観の限界

デカルトの世界観から出発した自然と人間を切り離した世界観に基づく近代は、豊かさと便利さを一気に向上させた。しかし、ここにきて、その大きなツケがきているのである。人間は、自然を単なる物質と捉え、克服しようとして人間の都合の良いように、しかもその場の都合だけで自然を壊すことを前提とした開発を行ってきた。地球上の人間の数が少ない間、人間の科学力が小さい時は、目に見えるほど環境に影響はなかったし、地球規模のダメージを実感することはなかった。しかし、地球温暖化や大気汚染、水質汚染、森林破壊、砂漠化などの地球規模の環境破壊が、いつの間にか私たちの生活や未来を脅かすようになってきたのである。この状況のなかで、ようやく私たち人間は、自然を決して克服、あるいは征服することはできないということに気がつき始めた。なぜならば、人間も自然の一部だからである。このあたりまえのことを人間はいつの間にか忘れていたのである。

宇宙船地球号を立て直すのは、私たちの使命である。

4　持続可能な社会への取り組み

(1)　東洋的一元論的世界観

これ以上人間が勝手な営みを続けると人類は滅亡するかもしれない。このような危機感から、今までの人間万能の思想である西洋的世界観から脱却し、自然と人間の調和を説く東洋的世界観が見直されるようになってきた。

中国の古典『周易』には、「一陰一陽これを道という」とある。陰陽とは気のことで、その状態の違いから陰と陽がある。世界の全ての存在は全て気によるもので、世界の全ての事象も気の変化によるものであり、そのことを道というのである。

中国では、古代より「気」は天地万物の全ての根源とみなされ、宇宙・自然をはじめ私たちの住む世界は全て「気」によって出来ており機能しているという宇宙論、世界観が展開されていた。さらに、「気」は、人間も含めて全ての生命の根源であるとされた。身体も気で出来ていて、気の出入り（呼吸）によって宇宙とつながっており、心の働きも気の動きであると考えられてきた。これを「天人合一」という。つまり、人間は独立して人間ではなく、宇宙と相通している存在だということである。したがって、自然や環境を破壊すれば、必然的に人間も破壊することになる。

人類の継続した繁栄を願うのならば自然や環境が豊かでなければならない。東洋的一元論的世界観は、私たちに、自然と人間の調和と共存の思想を思い出させてくれる。近年、「持続可能な開発」という言葉がよく使われるが、思想的には東洋的一元論的世界観に基づくものと言えよう。

（2）持続可能な開発

「持続可能な開発」とは、「将来の世代の欲求を満たしつつ、現在の世代の欲求も満足させるような開発」（「環境と開発に関する世界委員会」「Our Common Future」一九八七）である。自然を克服、破壊、消費しながら開発するのではなく、地球の持つ能力の範囲内の天然資源と共存、調和しながら世界全体の人々の生活を向上させていくための開発である。

国連は、これを実現させるには「経済成長と公平性」「天然資源と環境の保全」「社会開発」の三つの主要分野での行動を統合する必要があるとしている。

一九九二年に「国連環境開発会議」（地球サミット）が開催され、国際的な環境分野での取り組みのための具体的な行動計画である「アジェンダ21」が採択された。四部構成全四〇章からなり五〇〇ページにも及ぶものである。

第一部「社会的／経済的側面」、第二部「開発資源の保全と管理」、第三部「主たるグループの役割の強化」、第四部「実施手段」となっており、その内容は、下記のように多方面にわたっている。

第一部では、「開発途上国における持続可能な開発を促進するための国際協力と関連国内施策」「貧困の撲滅」「消費形態の変更」「人口動態と持続可能性」「人の健康の保護と促進」「持続可能な人間居住の開発の促進」「意思決定における環境と開発の統合」を掲げ、主に開発途上国や健康、人口の問題を取り上げている。

第二部では、「大気保全」「陸上資源の計画及び管理への統合的アプローチ」「森林減少対策」「脆弱な生態系の管理：砂漠化と干ばつの防止」「脆弱な生態系の管理：持続可能な山地開発」「持続可能な農業と農村開発の促進」「生物の多様性」「バイオテクノロジーの環境上適正な管理」「海洋、閉鎖性及び準閉鎖性海域を含むすべての海域及び沿岸域の保護、及びこれらの生物資源の保護、合理的利用及び開発」「淡水資源の質と供給の保護：水資源の開発、管理及び利用への統合的アプローチの適用」「有害及び危険な製品の違法な国際的移動の防止を含む、有害化学物質の環境上適正な管理」「有害廃棄物の違法な国際的移動の防止を含む、有害廃棄物の環境上適正な管理」「固形廃棄物及び下水道関連問題の環境上適正な管理」「放射性廃棄物の安全かつ環境上適正な管理」というように、地球環境問題について取り上げている。

第三部では、「前文」「持続可能かつ公平な開発に向けた女性のための地球規模の行動」「持続可能な開発における子供及び青年」「先住民及びその社会の役割の認識及び強化」「非政府組織（NGO）の役割の強化：持続可能な開発のパートナー」「アジェンダ21の支持における地方自治体のイニシアティブ」「労働者、労働組合の役割」「産業界の役割」「科学及び技術的コミュニティ」「農民の役割の強化」が取り上げられ、NGOや地方政府の役割や強化についてカバーしている。

第四部では、「資金源及びメカニズム」「環境上適正な技術の移転、協力及び対応能力の強化」「持続可能な開発のための科学」「教育、意識啓発、訓練の推進」「開発途上国における能力開発のための国のメカニズム及び国際協力」「国際的な機構の整備」「国際法措置及びメカニズム」「意思決定のための情報」というように、実際に持続可能な開発を行っていくための財源確保やメカニズム、技術、情報などの実施についての方策があげられている。

二〇〇二年には「持続可能な開発に関する世界首脳会議」（ヨハネスブルグ・サミット）が開かれ、持続可能な開発を目指す政治的意志を示した「持続可能な開発に関するヨハネスブルグ宣言」が採択された。その内容は、清浄な水、衛生、エネルギー、食料安全保障等へのアクセス改善にむけてのODA達成に向けた努力、ガバナンスの強化などについてのコミットメントが記述された。さらに、天然資源の保護や持続可能な開発を進めるための実施手段、制度などの包括的な実施計画の指針を示した「ヨハネスブルグ実施計画」が採択された。

二〇〇四年には、日本政府が国連総会に提出していた「持続可能な開発のための教育の10年」に関する決議案が採択され、二〇〇五年から「持続可能な開発のための教育の10年」がスタートした。これは、「持続可能な開発」を進めていくためには、全ての国・地域において官民が取り組む必要があり、そのためには基礎教育、高等教育、教員教育、環境教育等を充実させ、市民の啓発活動を粘り強く展開していくことが必要であるという認識に立って各国政府、国際機関、NGO、団体、企業等が連携を図りながら、教育・啓発活動を推進しようというものである。

世界は、持続可能な開発の実現に向けて動き出したところである。先進国のリーダーシップと開発途上国の意識改革が求められる。地球規模の問題は、一部の国や地域が取り組んでも効果は薄い。長期的視野と短期的な具体的取り組みを行っていくことが急務である。

(3) 循環型社会

持続可能な開発の一つの形態として、循環型社会がある。

循環型社会は、平成一六年六月に米国・シーアイランドで開催された主要国首脳会議（G8サミット）でわが国が提案し、合意された政策である。

地球規模で循環型社会を実現させようというものである。具体的には、廃棄物の発生抑制（リデュース）、再使用（リユース）、再利用（リサイクル）の３Ｒの取り組みである。

廃棄物の発生抑制（リデュース）とは、極力廃棄物（ごみ）を出さないことで最も重要なことである。

次の再使用（リユース）は、どうしても出てくる廃棄物は、中古品や部品として再使用することである。

最後の再利用（リサイクル）には、マテリアルリサイクルとサーマルリサイクルがある。マテリアルリサイクルとは、原材料として再生利用することであり、サーマルリサイクルとは廃棄物の焼却の際に発生する熱を発電等に利用することである。

この循環型社会も自然のサイクルに従ったものであり、自然の克服ではなく、調和がその背景にあると言えよう。これらの活動は、何も国連や政府だけの問題ではない。私たち市民が毎日の生活のなかで取り組める、いや取り組むべき問題でもある。具体的な行動を市民一人ひとりが実施していくことが、たとえば実際のゴミの削減量以上に、社会の意識を変えていくという意味で大切である。

（４）新エネルギーの開発

持続可能な開発を実現させるための鍵をにぎるものの一つに新エネルギー開発がある。

化石燃料の埋蔵量には限界があり、また地球温暖化の問題もあって世界的な脱化石燃料、特に脱石油が求められる。そのための開発の中核をなすのは、先進国である。なぜなら脱化石燃料を実現させていくだけの高い技術力を持つのは先進国であり、今まで石油を使いたいだけ使ってきたという経緯もあるからだ。特にわが国の技術力は、持続可能な開発の最前線に位置し、世界を救うカギを握っていると言っても過言ではない。

脱石油を実現させるためには、「新エネルギー」の開発、実用化が不可欠である。現在、日本政府が、新エネル

表12−1　新エネルギー一覧

太陽光発電，風力発電，太陽熱利用，廃棄物発電，温度差エネルギー，廃棄物熱利用，廃棄物燃料製造，バイオマス発電，バイオマス熱利用，バイオマス燃料製造，雪氷熱利用，クリーンエネルギー自動車，天然ガスコージェネレーション，燃料電池

ギーと規定しているのは表12−1の通りである。

太陽光発電や風力発電、太陽熱利用、温度差エネルギーなどの自然エネルギーは、無尽蔵であり、地球温暖化の原因となるＣＯ^{2}を増やさない理想的なエネルギーである。

クリーンエネルギー自動車等の従来型エネルギーは、化石燃料を使うが、その利用形態の工夫により、いままでの方式より、クリーンで効率的な利用を実現しており、エネルギー利用の過渡期としては現実的な新エネルギーと言えよう。

また、多くの自然エネルギーは、化石燃料のように埋蔵地域が偏在しているということはなく、世界中に分散している。そのため、貿易摩擦やエネルギーの利権争いが生じにくいと考えられる。さらに、需要地と近接しているため輸送によるエネルギー損失も低く抑えられ、効率的にエネルギーを使うことができる。現在のところ、化石エネルギーに比べて、コストが高く、実用化にはさらなる技術開発とコストダウンが求められる。しかし、アメリカが地球環境問題に対して積極的に取り組むようになったことによって、これから一気に新エネルギー開発が進むものと思われる。わが国においても、日本の新エネルギー開発の技術力が発揮され、地球環境の改善につながるような施策が急務である。

参考文献・資料

（1）デカルト（桂寿一訳）『哲学原理』岩波書店、一九八五年。
（2）湯浅泰雄『身体』創文社、一九七七年。
（3）環境省『環境・循環型社会白書』平成一九年版、ぎょうせい、二〇〇七年。

（4）気象庁ホームページ。http://www.jma.go.jp/jma/index.html
（5）気候変動に関する政府間パネル（ＩＰＣＣ）第四次評価報告書統合報告書、二〇〇七年。
（6）外務省ホームページ。http://www.mofa.go.jp
（7）東京大学東洋文化研究所データベース『世界と日本』二〇〇七年。

《著者紹介》

前林清和（まえばやし　きよかず）

1957年生まれ．

筑波大学大学院体育研究科修士課程修了．筑波大学・博士（文学）．

現在，神戸学院大学現代社会学部教授．

主要著書

『開発教育実践学』（単著，昭和堂，2010年）

『国際協力の知』（単著，昭和堂，2008年）

『武道における身体と心』（単著，日本武道館，2007年）

『近世日本武芸思想の研究』（単著，人文書院，2006年）

『国際協力の現場から』（編著，晃洋書房，2003年）

『国際協力の地平』（共編著，昭和堂，2002年）など．

Win-Win の社会をめざして

——社会貢献の多面的考察——

2009年5月10日　初版第1刷発行

2016年4月15日　初版第2刷発行

＊定価はカバーに表示してあります

著者の了解により検印省略

著　者　前林清和©

発行者　川東義武

印刷者　江戸孝典

発行所　株式会社　晃洋書房

〒615-0026　京都市右京区西院北矢掛町7番地

電話　075(312)0788番(代)

振替口座　01040-6-32280

ISBN978-4-7710-2072-6

印刷　㈱エーシーティー

製本　㈱藤沢製本